基于大概念的
高中历史单元教学研究

何　炜　著

万卷出版有限责任公司
VOLUMES PUBLISHING COMPANY

图书在版编目(CIP)数据

　　基于大概念的高中历史单元教学研究 / 何炜著.
沈阳：万卷出版有限责任公司，2024.6.--ISBN 978
-7-5470-6562-4

　　Ⅰ. G633.512

中国国家版本馆 CIP 数据核字 2024D93W42 号

出版发行 : 万卷出版有限责任公司
　　　　　（地址 : 沈阳市和平区十一纬路 29 号　邮编 : 110003）
印　刷　者 : 辽宁鼎籍数码科技有限公司
经　销　者 : 全国新华书店
幅面尺寸 : 170 mm×240 mm　1/16
字　　数 : 170 千字
印　　张 : 11
出版时间 : 2025 年 6 月第 1 版
印刷时间 : 2025 年 6 月第 1 次印刷
责任编辑 : 朱婷婷
责任校对 : 张　莹
装帧设计 : 豫燕川
ISBN 978-7-5470-6562-4
定　　价 : 48.00 元
联系电话 : 024－23284090
邮购热线 : 024－23284448

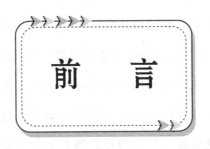

前　言

　　历史是一门蕴藏国家几千年文化、经济等方面的记载的学科,学习历史可以让人们更好地借鉴、更好地通晓古今历史事件。不同于数学、物理、化学等的理性学科,历史这门学科更多的是蕴含着一种丰富的情感,这种情感可以很好地让我们了解古代人们生活的状况。历史也是一面镜子,可以让人们不断地了解历史中的文化与思想,不断地认知自己,更好地进行学习和成长。在学习历史的过程中,学生可以很好地塑造自己的历史素养,将自己不断塑造成一个有理想、有文化、有道德的好青年。总之,历史是学生成长道路上不可缺少的一门学科,也是其他任何学科都不可替代的。

　　历史教学在国民教育中具有重要的地位和作用。博古通今,有助于个人增长知识和智慧,也有助于个人正确价值观与世界观的建立。在当前新的时代背景下,要建立文化自信,培养和提高作为社会与民族未来接班人的学生群体的历史意识与强国责任,就必须重视历史教学。在高中教育中,历史是一门非常重要的学科。进行科学的历史教学设计、优化历史教学效果,对高中生的考试与升学具有显著增效作用,有助于高中生历史意识和思维的养成,更有助于帮助高中生认清历史事实、建立家国情怀,树立科学的世界观、人生观与价值观。新课改背景下的高中历史学科育人方式变革要始终坚持把立德树人作为中心环节,加强教师的思想教育思路,以全程育人、全方位育人,努力开创我国高中历史教育事业新局面,并为学生营造独立思考、自主探索的学习空间,提供创新发散的思维展示机会,形成真正具有我国特色的历史学科核心素养。

本书是作者多年来从事高中历史课堂教学实践的理论新探索。教书育人是教师的天职,也是教师的基本使命和主要工作。本书正是基于对思想育人的探索,是在观察和反思中融入历史学科育人理念和实践之间架设的一个通道,期望能对广大历史教师开展学科育人有所助益。本书立足于高中历史学科育人的核心目标,以知真求通、立德树人为主要实践抓手,以培养核心素养等为基本落脚点,较为系统地研究了基于大概念的高中历史单元教学。本书内容丰富、文笔流畅、语言清新,是一本与实时教学接轨的著作。基于大概念的高中历史单元教学,既适应新课改要求,也符合历史学科特性,反映了历史学科本质特征与历史学科思维方法。

本书汲取、参考了众多专家、学者的研究成果,在此向诸位表示衷心感谢。由于作者水平有限,内容难免有疏漏与不够严谨之处,希望各位读者多提宝贵意见,以待进一步修改完善。

目　录

第一章 大概念的基础认知

第一节 学习的专业认知

一、从心理学的视角认知学习

在人类早期的认知中,学习首先被理解为一种心理活动,人们也一直把学习作为一种心理现象研究。

早在17世纪,勒内·笛卡尔就通过他的著名观点"我思故我在"旗帜鲜明地将心智作为人类经验的中心。100多年前,威廉·詹姆斯曾说:"教育是艺术,心理学是科学。"如今,教育心理学与学习心理学早已成为心理学的重要分支学科。

(一)经验主义

经验主义最早可以追溯到英国哲学家约翰·洛克。1690年,这位英国思想家在他的著作《人类理解论》一书中提出了一个对于那个时代而言具有革新性的观点,即"我们头脑中的图景、思想是我们的各种经验延伸出的根蘖"。1775年,埃蒂耶那·博诺·德·孔狄亚克把这一理念引入教育领域,这一概念很快被当时大多数教育学家采纳。基于这个前提,人们将学习看作一种简洁且机械化的记录方式。这一学习过程是通过一个始终准备吸收知识并始终保持集中注意力的大脑来实现的,其中学习行为被简化为信息从发送者传递到接收者大脑的线性过程。大多数人都持有这样的观点:只要信息是由发送者以某种方式传递的,接收者便会自然地记住这些信息。在这样的认知框架中,教师的作用已经转变为以最明确、步步为营的方式向学生传授知识。人们普遍认为,只要教师能够合理地安排所传授的知识,并结合一些适当的实例进行解释和说明,这些知识就会自动地刻印在学生的思想中。

(二)行为主义

行为主义主张对心理的研究必须限定在可观察的行为和可控制的刺激上。1913年,心理学家约翰·华生在一篇论文中简明扼要地提出了行为主义的观点,行为主义认为人类心理学的研究对象是人类的行为或活动,它只是远古时期"心灵"的替代词。在此基础上,行为主义者把学习看成在刺激和反应间建立联结的过程。学习的动力主要由内驱力和外部力量刺激产生,爱德华·李·桑代克设计的一只饥饿的猫通过"尝试—错误"进行学习的实验支持了这个认知。

将一只饥饿的小猫放入箱子里,在箱子的外部摆放了小猫喜爱的食物,如果小猫想要从箱子里逃脱并获得食物,它必须掌握如何拉动挂在箱子里的一根绳子,这样才能成功打开箱门。一开始,这只急切想要逃脱的小猫尝试从所有的缝隙中爬出来,为了这个目的,它不断地咬住所有它能够够到的东西,最终,它不小心拉动了绳子,打开了箱门,成功地逃脱了。然而,这次事件并没有为小猫带来更多的经验和见识。当它被重新放入一个箱子里时,它并不会立刻通过拉动绳子来逃脱,而是需要经历无数次的尝试,才能成功地拉动绳子逃离。在进行了多轮相似的试验后,那只小猫的失败尝试逐步被淘汰,而那些能够带来成功的行为则因愉快的结果(即获得食物)被保留。最后,当这只小猫再一次被困在箱子里,它会迅速地用绳子拉动箱子的门并成功逃脱。

桑代克通过这项实验得出结论,即获得食物作为奖励能够加强刺激与反应之间的联系。在此基础上,人们自然地认为:对看上去很复杂的问题的解释无须依赖诸如思维那样不可观察的心理活动。

伯尔赫斯·弗雷德里克·斯金纳也设计了一种名为"斯金纳箱"的工

具,专门用于研究动物的学习过程。这个箱子内部装有一个杠杆,该杠杆与一个用于传送食物的装置相连接。当一只白鼠被放入箱内时,它开始四处走动并嗅闻,在一个偶然的机会下,杠杆被按下,导致一粒食物滚了出来。白鼠在多次尝试后,会持续不断地操作杠杆,直到它们吃得饱饱的。换句话说,白鼠已经掌握了如何通过操作杠杆来获取食物。

在教学中,人们迅速地采纳了这一理论,不再将焦点放在学习过程中大脑与思维的连接上,而是转向了学习中所观察到的各种刺激与反应的相互关系。人们认为在教学中,只要确定好要学习的知识,并创设合适的情境,就可以通过一种类似于实验中"尝试—错误"的方式,让学生学会这些知识。

可以看到,相比于经验主义影响下的教学法,这种教学方式有一个明显的优点,它让教师更多地把注意力放在环境和学生身上。教师必须结合学生的特点对学习任务进行解析,以创造出适用于学生的学习情境,从而促进学生有效地学习。在学生学习遇到障碍时,教师可以尝试创建新的教学情境,帮助学生跨越障碍。

(三)建构主义

建构主义理论的快速发展源于伊曼努尔·康德。他认为人们对于外界信息的感知都源于人们的意识,而这些感知又反过来塑造了人们的意识。建构主义理论把认知主体放到了非常重要的地位,它认为大脑中先有的知识和活动是学习的决定性因素,人们的认知发展正是取决于此。

建构主义理论相比经验主义和行为主义有很多优点,在它的认知中,学习是与内在思维结构有关的学习主体的活动。

二、从生理学的视角认知学习

与所有心理现象一样,对于人类而言,学习也是建立在身体基础之上,主要通过脑与中枢神经系统这些特定的身体部分进行的。20世纪中后期,得益于认知科学和脑科学中先进研究技术的引入,脑与学习方面的研究有了井喷式的进展。

人类大脑容量增加之后,智力远超其他物种。在大脑的构造中,智力的功能主要体现在大脑皮层。大脑皮层很薄,厚度只有 2mm 左右,像核桃肉那样布满了深浅不一的褶皱。如果把大脑皮层铺开,成人的大约有 4 张 A4 纸那么大,与人类渊源最亲的黑猩猩的大约有 1 张 A4 纸那么大,猴子的则有明信片那么大,而老鼠的大脑皮层却只有邮票那么大。大脑皮层上布满细细的网格,每个网格中又密布神经元。大脑皮层分为左右两半,分别称为左半球和右半球。现代脑科学研究显示,大脑的不同部位所表现的功能是不同的,如今,在大脑皮层内,人们已经识别出了多种功能性区域,包括但不限于视觉、听觉和体觉等。

现代脑科学研究进一步揭示,不同的思考方式会影响大脑皮层的各个区域。斯坦尼斯拉斯·迪昂利用功能性磁共振成像的技术和方法,研究了人们在进行精算和估算时的大脑激活状态,发现精算主要是激活左前额叶下部,这与大脑的语言区域有显著的重叠;估算过程主要涉及激活双侧顶叶的下部区域,这一过程与身体结构,特别是手指的运动感知区域有着紧密的联系。仅从语言的角度看,激活大脑的部位也存在差异。相关教育机构通过运用脑成像等先进技术进行联合研究,发现中文为母语的人在识别英语方面更倾向于激活大脑的右半球,而英语为母语的人则更倾向于激活大脑的左半球。这主要是因为汉字属于象形文字,而英语则是拼音文字。这一研究发现表明,前者在激活形象思维方面做得更多,而后者则在激活抽象思维方面做得更多。

这些新理论使得人们对大脑在学习过程中发挥作用的机制有了更清晰的认知。为了便于理解相关研究成果对学习的重要意义,可以借助著名的脑信息加工模型介绍大脑是如何在学习中发挥作用的。

(一)脑信息加工模型

该模型通过一些生活中的常见物体生动形象地代表大脑信息加工过程的不同阶段。人们有能力通过模型来描述大脑在信息收集、评价、储存和提取等多个处理环节中的行为,从而获得有助于学习的有用建议。

模型研究表明,在感觉器官与外部信息接触的情况下,大脑首先会依据人们以往的经验来评估这些信息是否具有实际意义，以便决定是排除这些信息还是进行进一步的信息处理。经过这一过程后，筛选出的信息会被储存在瞬时记忆中，通常这种保存的时长大约是30秒，直至人们做出决策来处理这些信息。

在信息处理的过程中，大脑会依据信息的重要性来决定信息的处理顺序，并据此决定是否将这些信息转移到工作记忆的阶段。在工作记忆的过程中，所接收到的信息会被以模块化的方式进一步整合和处理。工作记忆可以被视为一种短暂的记忆方式。在大多数情况下，年轻一代只能在工作记忆中对信息进行10~20分钟的有意识处理，随后他们可能会感到疲惫或失去兴趣，同时他们的注意力也会逐渐减退。另外，工作记忆容量有限，如果不能及时将工作记忆内的信息进行编码加工转入长时记忆进行储存，这些存在于工作记忆中的信息就会很快地从大脑中消失。

什么样的信息会被工作记忆转入长时记忆呢？答案就是那些有意义和具有价值的信息。如果学生认为工作记忆中的内容既无法理解也没有意义，那么这些内容被存储的可能性就非常小，而如果这些内容既可以被学生理解又对其有意义，那么它们被长时存储的可能性就非常大。

信息转为长时记忆后，会长时间存在于长时存储区，这些内容构成了人们对周围世界的看法的基础，但这并不是全部，在长时存储区，大脑还会用许多不同的方式将单个信息整合在一起。这些信息组合的数量会随着记忆的积累，以幂级数的方式增长。因此，从长时存储的信息中产生的思想和理解比单个信息的简单总和要大得多。这些因素共同塑造了人们的认知和信仰体系，助力人们更好地理解事物、掌握规律、理解其原因和结果，并塑造了人们对世界的认知方式。

在认知信念系统的更深层次，我们可以发现自我概念的存在，这是人们对自我认知的一种方式。

（二）关于记忆和迁徙的话题

直到现在，人类对于记忆的确切理解仍然是一个未解之谜，但神经科学家们已经将大脑中发现的多种神经机制融合，从而构建了关于记忆的实际操作假设。

　　记忆的生成源于对脑神经元的多次刺激,这些重复的信息对脑神经元产生的刺激会导致一系列神经元之间的重复放电,并最终形成连接。当一个神经元开始放电,所有神经元也随之放电,从而产生了新的记忆标记。在这一过程中,连接的数量越多,学生对新的学习内容和意义的理解也就越深。因此,从一个人的生命历程来看,随着学习时间和年龄的逐渐增长,大脑中的神经元之间的连接也会逐渐增多,这些记忆痕迹联系在一起形成了网络。无论什么时候,只要其中一个被激活,所有的网络就都会被加强,从而巩固了记忆。因此,越是在大脑中不断得到印证的知识,则越会形成较强的联结,从而在大脑中形成深刻而永久的认知。相反,那些没有被时常刺激,单一而孤立的联结则会因为不和其他联结相互印证得到加强,而逐渐被大脑减弱,直至从大脑中消除。如果人们把神经元间的联结比喻为一根根细细的绳子,那么强联结就是由相互关联的弱联结编织成的更粗的绳子,而那些与其他知识没有太多关联的孤立联结则会由于没有和其他联结拧成更粗的绳子而逐渐折断消失。

　　大脑不停地接受外界刺激,并依此对神经元间的联结进行组织和再组织。随着各种新的连接方式的不断融合,神经元之间构建了更广泛的网络,这也导致了人们的认知信仰体系持续地进行更新。在迁移的过程中,这种令人震惊的创新能力得到了完美的体现。迁移是指在一种特定情境下,将大脑学习到的知识以一种可能会调整或概括的方式应用到另一种情境中。这种处理方式与此相似:当新的学习内容被加入工作记忆中时,长时记忆会同时在长时记忆存储区搜索与新学习相似或相关的过去的学习经验。假如这样的经验确实存在,那么记忆网络将会被触发并被纳入工作记忆中。简而言之,信息处理系统基于过去的学习经验与新的信息之间的关联,从而为新的信息注入意义并加以处理。历史上的信息循环不仅增强了已经存储的信息之间的联系,同时也为新的信息赋予了与过去不同的含义。新信息的含义深度是基于新信息与长时记忆里的其他信息之间的连接状况来决定的,正是这些联结和联系使学生在将来处理新情境下的问题时有更多的选择。

三、促进学习

学习理论仍在不断完善,而认知科学和脑科学也将会继续带给人们关于学习的更深入研究。如果想要理解人们的学习潜能到底可以发展到什么程度,就必须跨越生理和心理之分,站在一个更加广阔和全面的视角下去看待学习。毫无疑问,人类对于学习的认知会持续深入下去,这个过程也许并没有终点。人们终究还是能从现今对学习的认知中找到一些关于学习认知的共同点,并得到一些对学习有用的建议。

(一)以学生为主体,关注学生的过去经验

学习是寻找与创建意义的过程,而意义就产生在长时记忆中存储的过去学习经验与新信息相互作用时。每位学生在进入课堂之前,都已经根据自身的过去经历在大脑中建立了独特的认知信念系统,这是他们对新事物的认知基础。

因此,在教学过程中,教师应高度重视学生以往的经历,并努力构建能够与这些经验相结合的课堂环境和任务。这种教学方法让学生的过往经验转化为新学科的知识和新观念的构建基石。当学生在之前的学习经验与新的学习经验之间建立更紧密的联系时,他们对新的学习的真正含义有更深入的理解,并更容易维持新学习的核心内容。当这些联系在不同的课程中形成广泛的联系时,学生可以在自己的认知信念系统中构建关联的网络框架,这些框架可以为将来解决问题提供回忆的线索,从而促进知识的迁移。

(二)深化对相关学习内容的概念理解

教师在日常教学活动中,通过持续地向学生传达事实和信息,逐渐塑造学生对整体知识体系的概念性认知。例如:教师可以通过教授数字、计算和定理来帮助学生更好地理解数学;通过解释运动、力量和能量,有助于学生更好地理解物理学;通过深入讲解国家、重要人物和战争,帮助学

生更好地理解历史。

从大脑的记忆模型可以看出,要在大脑中构建并记忆新概念不仅需要学生有意识地注意学习内容,以便使信息尽快进入长时记忆,还需要学生找到新旧相关知识的联系,从而尽快把编码内化后的新知识联结与过去经验的相关联结拧成一股绳,形成联结系统,并最终将理解和意义固化到长时存储的网格中,在大脑中构建概念性的框架。

因此,为了让学生在概念框架的情境中理解学习内容,教师除了要对学习内容进行结构化处理之外,还需深度提炼一些学科知识之上的关键概念,并引导学生理解学习内容与概念之间的联系,使已理解的概念反过来帮助学生组织学科中的内容信息。因此,教师必须为学生提供与概念相关的深度研究案例或任务,以此展示关键概念在解决问题和完成任务中的重要作用,进而帮助学生理解这些概念。显然,由于这种概念的高度抽象性,学生在学习过程中很难持续地关注和深入理解它。因此,为了帮助学生更好地理解概念,教师可以为他们提供与概念理解相关的问题,这样学生在学习过程中可以通过深入思考这些问题以便更好地理解概念。

(三)重视形成性的评估

在进行指向概念理解的教学时,设计形成性评价是至关重要的,这样可以帮助教师和学生更好地理解学生的思维发展状况。在这个方面,教师可以更好地理解学生过去的经历,并根据学生从对新概念的初步理解到深入理解的认知过程中的位置来设计相应的教学策略。从另一个角度来看,这也有助于学生更好地理解自己对新概念的认知过程,从而为他们提供关于认知思维、思维修改和思维提炼的有用反馈。

既然学习目标注重的是理解,那么教师的评价就必须考查学生的理解过程,为了顺应学生大脑中的自我概念,评价必须有利于学生。

通过对学习理论的追溯和对认知科学及脑科学的探究,人们发现进行这样的教学是很有必要的。教师在备课之初会首先想到学生过去的经验,并依此对知识进行过去经验的结构化处理,同时在此基础上提炼出知识之上的新概念,并在学习的过程中始终关注体现学生对概念理解程度的核心问题,注重提供形成性评价,促进学生对学习过程的调整反思,最终达成师生对概念的理解共识。

基于"大概念"的单元学习和课程整合能够帮助学生看清不同主题之间的共同特征,促进成功的理解和迁移,并加深对未来学习的理解。

第二节　大概念的定义

一、概念的含义

在古代,人们称量米粟时,会在盛满米粟的斗斛上用木板刮一下,使米粟的量处于一定的标准范围内,这个木板就称为"概",其作用就是对古代量具"斛"的满量状态做出校准。因此,"概"这个字后来就引申为对事物做出限定,使其不超出范围。

"念"则是"令心用力"之意。由于古时候人类认为思考问题的器官是心,所以"念"就有了思维、意识的含义。

因而,"概"指量化和标准,"念"指思维和意识,概念是指对事物在标准化之后的解读。

在《辞海》这本书中,"概念"这个词的定义是:从一个广泛且抽象的角度去理解事物,并在相同种类的大多数事物中提取其共性和普遍性,然后进行总结,从而形成一个概念。概念描述的是人类在认知活动中,从直观的感知逐渐进化到逻辑的认知,将感知到的事物的共有特性进行抽象和总结,它代表了自我认知意识的一种展现。例如,在各种各样的动物中,人们可以观察到各种颜色、大小和品种的马所共有的特性,这使得"马"这一概念得以抽象。

从心理学的角度看,概念被视为人类大脑对外部事物本质的映射,它是思考过程的产物和结果,同时也是思考过程中的基本单元,它构成了思维结构的核心部分。显然,随着社会历史的演变和人类认知的进步,概念也会经历不断的调整和变化。从某种意义上说,人类社会的文明就是在对原有概念不断校正和创造新概念的过程中逐步建立起来的。

从逻辑学的角度来看,概念具有两个基本特征,即概念的内涵和外延。概念的内涵是指一个概念的含义,即该概念所反映的事物特有的本质属性。例如,"商品是用来交换的劳动产品"。其中,"用来交换的劳动产品"就是概念"商品"的内涵。概念的外延是指这个概念所反映的事物的范围,即具有概念所反映的属性的事物有哪些。例如,"森林包括防护林、用材林、经济林、薪炭林、特殊用途林等",就是从外延角度说明"森林"的概念。概念的内涵和外延成反比,即一个概念的内涵越多,外延就越少;反之亦然。

一般而言,表达概念的语言形式是词或词组。人们通常会把这些特征概括起来,并用一个词或词组加以表征,在英文里通常对应着"concept"这个单词。

二、大概念的含义

"概念"这一主题在课程研究中有着悠久的历史,多数学科都是从概念这一基础概念出发来构建的。

在国际 IB PYP(International Baccalaureate Primary Years Programme)的课程设计中,"概念"被视为课程结构的核心组成部分之一。IB PYP 课程是一个跨学科的教学体系,其课程内容被细分为六个主要领域:"我们是谁(Who we are)""我们身处什么时空(Where we are in place and time)""我们如何表达自己(How we express ourselves)""我们如何组织自己(How we organize our selves)""世界如何运作(How the world works)"以及"共享地球(sharing the planet)。课程围绕五个关键要素展开——知识(knowledge)、概念(concepts)、技能(skills)、态度(attitudes)和行动(action),其中对"概念"这一关键要素的解读是指学生在学习课程的同时会受到鼓励,使其能够通过询问而得到更深层次的、在学科范围之外的知识,形成自己的体系,即通过学习究竟让学生理解的是什么。

这里所说的概念有"形式、功能、原因、变化、联系、观点、责任、反思"

八个。可以看出,这些概念仍是一些跨学科名词。这些名词由于有着广泛的解释,所以可以和 IB 课程每个领域的内容进行衔接和联系,形成跨越不同领域的网络连接点,也体现了内容背后真正的学习目标指向。

在教育界,关于宏观概念的探讨最早可以追溯到布鲁纳对于教育流程的深入研究。布鲁纳特别强调,在教授任何学科时,教师必须确保学生对该学科的核心结构有深入的了解,这将帮助学生应对课堂内外的各种挑战。布鲁纳所描述的学科的基础构架涵盖了学科的核心观念、根本原则、基本公理以及普适性的核心议题。学生一旦掌握了基础的概念和原理,就能够进行知识迁移,将这些基础知识运用到新知识的学习中,并赋予所学知识广泛地适应新问题场景的能力。理解事物的基本构造意味着要将众多事物与它们紧密地联系在一起,通过这种方式来深入理解它们,而学习这种基本构造则是探索事物间如何相互联系的过程。

在过去的岁月里,奥苏伯尔在描述课程中的"先行组织者"这一概念时,已经采用了这个词汇。在正式学习材料之前,"先行组织者"的角色是向学生展示与其原有认知结构相关的概括性和包容性的引导材料。这种材料在抽象、概括和包容性方面都超越了正式的学习材料,并使用学生所熟知的词汇进行展示。设计"组织者"的目的是帮助学生能够更平稳地进入正式学习材料中的内容,给学生在已知与未知之间架起一座桥梁。

从表述的句法上看,大概念既可以采用主谓结构,也可以采用动宾结构,但必须是可以判断真假的语句,即在逻辑学上应该成为一个命题。所谓命题,就是对一个事物表达判断的语句,命题本身可以接受对或错的评判。

值得注意的是,尽管 IB 课程中讨论的概念并不是大概念,但 IB 课程确实包含了各个学段在特定领域内需要学生实现的核心思想,这些思想在实质上与大概念有着高度的相似性。显然,在全球范围内,众多的课程结构都高度重视那些带有核心价值观的理念。那么,为何我们选择这样的陈述性论述作为"宏观概念"的表述呢?这主要是由于各个学科的课程标准都是以名词的方式来描述核心素养的,只有进一步总结出清晰且相对具体的学科观点,才能对教师的教学和学生的学习产生更大的现实意义。因此,大致上与学科课程所要培养的核心素养和义务教育课程标准中的核心词有所不同,通常在表达方式上,它是一个包含明确的学科观点和态度的陈述性语句。

而"大概念"自身具有的统摄性,使其像磁石一样,对知识具有"吸附"作用。如果教师的教学以学生理解"大概念"为目标,知识的学习就会被赋予意义,并在未来持续发生作用。

一、大概念的内涵

(一)大概念需要具有一定的深刻性

大概念的基本特质具有一定的深刻性,当然这种深刻性要适度,是应该让学生能够感受到的。

每一个生命体都会经历一个独特的生命周期,包括出生、成长、繁盛以及最终的死亡。例如,在生物学的学习旅程中,学生或许还能回忆起蝴蝶成长的每一个阶段,如卵、幼虫、蛹和成虫,但真的有必要深入了解卵、幼虫、蛹和成虫的所有细节吗?当父母询问孩子正在学习的内容时,他们可能的答复是孩子正在模仿蝴蝶。但是,为何我们选择学习蝴蝶,而非蜻蜓或蜘蛛呢?学生是否需要对所有生物的生命周期有深入的了解?实际上,卵、幼虫、蛹、成虫并不是一个核心概念。我们希望学生明白,每一个生命体都会经历一个独特的生命周期,包括出生、成长、繁盛和死亡。而卵、幼虫、蛹、成虫仅仅是蝴蝶这一特定生物体的生命周期。

(二)大概念需要具有一定的迁移性

布鲁纳和他的同事提出的"迁移"应该是大概念的本质和价值所在:在每个学科领域都有一些基本概念,它们对学者所研究的内容进行归纳和总结,为这些概念未曾研究的内容赋予了许多意义,同时它们也为许多新问题的处理提供了基本思路。学者和教师的首要任务就是不断探寻这些概念,找到帮助学生学习这些概念的方式,尤其是帮助学生学习如何在不同情况下使用它们,学会使用这些准则就具备了处理各种问题的能力。

人们对好的音乐和美术作品的认知容易停留在高超的技法上。事实上,技法只是艺术表现的基础,真正好的艺术作品并不是以技法的难易评价和判断的,也不是有了高明的技法就一定能创作出好的作品。那些在人类历史上不朽的作品,往往也并不是技法最复杂的作品,而是思想性最深刻的。

因此,可以体会到这一观点并非适用于哪个门类或哪幅作品,而是适用于所有艺术创造范畴的所有形式,是普适的,具有普遍的指导性。

二、大概念的主要特征

(一)中心性

"大概念"是聚合概念,大概念的"大"是核心。大概念指将众多学科理解与连贯的整体联系起来的关键思想,能反映学科的主要观点和思维方式,是学科的骨架和主干,处在学科的中心位置,学科的知识核心是在事实基础上抽象出来的深层含义,是一门学科为数不多的核心概念。

大概念与一个文件夹是相同的,它为无限小概念提供了有序的结构或合适的框架。有限的宏观概念之间存在紧密的联系,它们共同形成了一个完整的学科体系,这使得学科不再仅仅被看作一系列的概念、准则、事实和方法论。

(二)可持久性

大概念源自对学科的深入理解,有的教师会在教学中思考,通过这门学科希望学生学到什么,在忘记了那些事实性的知识之后还剩下什么,这里的"什么"其实就是这门学科的大概念。大概念具有可持久性,是经验和事实消失之后还存留的核心概念。它需要学生进行持续理解,贯穿整个学习过程,而其他概念与知识只存于某一课时或某一单元。"大概念"这一概念可以用来阐述学生在学校的学习经历以及毕业后的日常生活中所遭遇的各种事物、事件和现象,它伴随着学生的整个生命历程。

（三）网络状

大概念是使事实更容易理解的概念锚点，能够把其他知识聚合成网络状结构。在学科学习中，大概念是关键思想，是基于学科的基本结构和方法，是学科知识的本质，能够把那些零碎的、片段的知识统筹起来。跨越两个或者更多知识领域后，大概念有能力将子概念和其他更大的概念连接起来，从而构建出一个网络结构。因此，大概念大致上呈现一种网状的网络结构，这种结构涵盖了学科内部的网络结构和学科之间的网络结构，而每一个重要的概念都是实现网络结构间通信的基站。在学科内，大概念网是一个将特定学科纵向连接起来的平台，各个学段都以宏观概念为核心来选择和组织课程内容，这构成了课程设计中的一个关键环节。学科间的大概念网络实现了某一学科的横向连接，它跨越了两个或更多的知识领域，使得不同的学科能够基于一个共同的大概念进行合理的对接，从而有效地模糊了学科间的边界。

（四）可迁移性

可迁移性是大概念的本质和价值所在。大概念强调理解性学习与高级思维相连接。学生不仅学习知识本身，更要学习事实性知识背后的东西，揭示现象背后的原因，提升对知识的迁移能力和问题解决的能力，实现"教得少而学得多"。而迁移能力与创造能力相连又能使学生将原有的经验概括化、系统化，学习到研究和解决问题的思想方法和关键工具。随时间流逝，这种方法已被广泛应用于各种纵向的学科内部场景、横向的学科间场景以及学校之外的新场景中。

大概念与其他学科概念、知识具有密切关系，可以与其他学科概念、知识组合成完整的知识结构。在大概念的引领下，学生学到的是由一系列知识整合成的具有共同属性的有规律的知识体系，既包含了大概念，又包含了小概念及其他知识。小概念往往是理解大概念的基础，大概念能促进学生对小概念的理解。

大概念教学的过程设计

第二章

第一节　大概念教学过程元素的构成

一、WHERETO 元素

大致来说,教学过程中的"WHERETO"包含七个核心元素,分别是W(方向与原因)、H(吸引与保持)、E(探索与体验、准备与使能)、R(反思、重新考虑与修改)、E(评价)、T(定制)和O(组织)。

(一)W——方向(Where)和其背后的原因(Why)

"W"的含义主要是帮助学生理解"应该去何处"和"为何这样做"。在开始单元学习之前,教师不仅需要明确教学目标,还应确保学生对这些目标和任务有清晰的认识。实际上,W 不只是关于"应该去哪里"的问题,还涉及"应该从哪里来"的问题。这意味着,在开始单元学习之前,教师需要先了解学生"已经知道的"和"感兴趣的"内容,这样才能更有效地进行教学设计。

(二)H——吸引(Hook)与保持(Hold)

"H"主要是指要引发学生的学习兴趣,并使其在学习过程中保持兴趣。高挑战的学习一定具有复杂的脑力劳动,所以需要付出卓绝的努力,但教师希望这种努力是学生心甘情愿、乐此不疲的。

（三）E——探索（Explore）与体验（Experience）、准备（Equip）与使能（Enable）

这四个词语可以变成两句话，即"通过体验来探索"和"为了提高能力而准备"。因此，要有效地设计体验性的活动促使学生探索，为达到最终的目标做好准备。

（四）R——反思（Reflect）、重新思考（Rethink）以及修订（Revise）

"R"主要描述的是学习作为一个持续上升的循环过程。学习就像是一个持续的挠痒旅程，只有偶尔的挠挠，我们才能更深入地理解它。教师的职责是持续引导学生超越简单和单调的认知，深入探讨核心议题，并激发学生的深度思考。

（五）E——对评价（Evaluate）的工作进展进行评估

"E"主要用于描述学生在自我监控、自我评价以及自我调节方面的行为。

（六）T——定制（Tailor）

"T"的定义主要是基于学生的成长需求、学习方式、之前的知识和他们的学习热情来进行调整和设计。

（七）O——组织（Organize）的目的是达到最优的效果

"O"字主要用于描述如何安排学习体验的序列。如果前六个元素都被认为是最优设计的组成部分，那么O则要求教师去组织这些元素，以便最大限度地发挥它们的潜能。

二、概念探究过程的七个阶段

马歇尔与弗伦奇阐述了概念研究过程中的七个不同阶段。参与意味着让孩子在情感和智力方面都完全融入单元学习中；聚焦指的是通过综合归纳来深化对单元关键概念（或称为驱动概念）的认识和理解；调查的目的是通过多种途径加入更多实际案例，以协助学生更好地理解宏观概念;组织的定义是利用多种思考方式来梳理宏观概念;概述主要是描述概念间的相互联系;迁移指的是在新的问题场景中应用大致的概念;反思可以理解为在学习的全过程中进行的自我评估等活动。然而,马歇尔和弗伦奇均表示,这七个阶段并没有严格按照时间顺序逐一展示,这是因为大概念教学是在具体和抽象之间反复穿梭的,因此,概念探究模型被认为是递归的。

三、学习深坑模型的四个阶段

诺丁汉提出了学习深坑理论,他解释之所以叫"坑",是因为学习挑战的目的是让学生走出舒适区,需要一些不那么轻松和不那么舒缓的感觉,这就是坑的想法如此有效的原因。坑让人不舒服但却不让人恐惧,有挑衅但不是攻击,有挣扎但却不会让人感到绝望。学习深坑理论和德韦克所说的成长型心态相关联,德韦克描述了两种截然不同的思维模式,即固定型思维和成长型思维。前者认为人是被决定的,而后者认为人是不断发展的,因此,二者对待失败和挑战的态度也不同。学习深坑理论就是要让学生在成长型思维的指引下不断经历"困惑—清晰"的学习过程。具体来说,学习深坑理论由四个阶段组成。

阶段一是找坑,即找准概念,这一阶段需要先定位一个或几个要探究的关键(大)概念,比如幸福、真实、食物等。阶段二是挖坑,即认知冲突,这一阶段要在人的头脑中制造认知冲突。阶段三是入坑,即建构意义,这一阶段学生通过思考解决认知冲突。阶段四是出坑,即反思总结,这一阶段学生通过反思整个学习旅程来构建元认知。

四、四个过程元素——准备、建构、应用、反思

不管是"元素"还是"阶段",虽然它们似乎是按照一定的顺序排列的,但它们并不是线性的。因此,威金斯和麦克泰格、马歇尔和弗伦奇以及诺丁汉更加强调,这些元素是在整个过程中反复出现的。换言之,大概念教学是一个持续的探究过程,很有可能到了后面的阶段有新的发现,就会倒

回到前面的阶段去。综观上述学者对大概念教学流程设计的看法,我们可以把这一流程简化为"准备、建构、应用、反思"这四个关键环节,即大概念的形成过程。准备意味着明确学习的价值和方向,而建构则是通过实际案例来理解宏观概念,应用则是将宏观概念融入新的具体案例中,而反思则是贯穿整个学习过程,不断进行自我评估和整合。

杜威曾经比较过赫巴尔特和自己提出的教学过程,从阶段上来看两者非常相似,大致都有准备、概括和应用三个阶段,这三个阶段就类似于这里所说的"准备、建构、应用"三个元素。然而同样是这三个阶段或元素,它们却有完全不同的内涵。杜威认为,他和赫尔巴特最大的不同在于赫尔巴特没有将学生的困惑贯穿整个学习过程,赫尔巴特方法没有提到困难、差异,例如整个过程中的起因和促进因素。结果导致赫尔巴特方法在处理思考的时候变成了获取知识的行为,而不是拓宽思考的行为。在杜威看来,困惑是思维的开始,教学的首要条件就是引起学生的困惑,当真正困惑的感觉控制了思想(不论这一感觉是怎样出现的)的时候,思想就处于机警和探究的状态,因为刺激是内发的。问题的冲击和刺激使学生的心智尽其所能地思索探寻。综合来看,真正的困惑与学生的实际经验有着紧密的联系。学生能够深刻体验到学习的生活意义,并通过核心问题激发深度思考。解决这些困惑也会对他们的实际经验产生影响。这其实就是库伯描述的"学习圈"的理念,学习是一个从激活具体经验开始,经过反思和观察,达到抽象概念化,然后通过主动实验回到具体经验的循环往复的学习过程。所以,当人们提到真实性时,他们是指激发了学生对真实世界的深入思考,而不只是简单地通过实际案例来进行联想和验证。例如,在小概念的教学过程中,教师可能会询问生活中存在哪些"高"的概念,但在大概念的教学中,教师可能会激发学生去思考"高"这一概念的产生原因。与我们所看到的具体"边"相比,"高"是一个抽象和无形的概念。如果学生能够理解引力如何使地球上的每一个人或物体都与地面垂直,并能感受到"高"在日常生活中的普遍存在,那么他们将真正开始像数学家那样进行思考,这无疑是对"高"概念真实性的体现。

另外,在学习的圈子里,人们也意识到了"反思"的价值。事实上,在威金斯和麦克泰格提出的"WHERETO"中,"R"指的是反思。马歇尔、弗伦奇和诺丁汉也都明确地提及了"反思",这与其他几个概念有所不同,因为反思是一种渗透的过程,涵盖了学习的每一个环节。总结来说,大概念的教学过程是由"准备、建构、应用、反思"这四大部分组成的。

第二节　设计准备元素

一、激发人们的参与意愿

　　学习的驱动力是至关重要的,并且存在多种不同的学习动机。大概念教学特别鼓励学生通过感受学习与实际生活之间的紧密联系来激发他们的学习积极性,这将促进一种更为主动的学习态度。吉尔福特推出了基于聚合的学习方法(从既定输入到既定输出)和分散型学习(从多种输入到多种输出)的概念。仅学习书本上有限的专家结论就是一种聚合型学习,而专家思维则是拓展性的。因此,大概念教学在很大程度上要求一种分散型学习。两个学生可能在聚合型学习中表现差不多,但在分散型学习中的表现却有天壤之别,因为分散型学习是无边界的,需要学生主动地进行探索。

　　为了唤起学生的学习兴趣,在大概念教学初期可以有一个导入阶段,而这一阶段可能要在单元学习正式开始前持续一段时间,一般以一周为宜。这一周里,不需要学生花太多的时间进行准备,可以通过一些非正式的讨论或活动让他们处于一种期盼的状态。

　　大概念教学不仅要在学习开始时就激发学生参与的动机,而且在整个学习过程中都要让学生维持比较高的动机水平。不过,这不用刻意为之,因为大概念教学天然就能激发学生持续性的参与动机。一方面,大概念教学在一定程度上是对现实世界的无尽探索,永远会有新的问题、困惑;另一方面,它也能让学生在学习过程中体会到学习对真实生活的意义和价值,并产生自我成就感。学习与潜水有异曲同工之妙,潜水员潜水的深度越大,观察到的生物种类就越多,风景也就越壮观,这使得探险之旅变得更加丰富和有趣,充满了各种意想不到的惊喜。然而,如果仅仅停留在表层,通常观察到的景色和生物种类都相对单调,同理,对于学生学习来说可能会逐渐失去学习的热情。

二、清晰地确定学习的方向

在准备阶段,除了激发学生的学习积极性外,还需要明确学生的学习方向。但要确定学习方向,首先要了解学生的学习情况,这与威金斯和麦克泰格提到的"WHERETO"中的第一个"W"是相对应的,包括"to where"(去哪里)和"from where"(从哪里来)。

(一)了解学情

无论是哪种教学,教师都需要了解学情。大概念教学需要对学情做更为细致和深入的分析,并且要联系他们的日常生活,如前所述,大概念是建立在日常概念之上的。许多人都对鱼牛寓言有所耳闻。这则寓言以生动的方式传达了一个信息,即日常生活中的各种概念对学生的学习有着巨大的影响。当学生进入课堂学习时,他们的大脑已经具备了从其他课程和日常生活中获取的知识、信仰和态度。当学生将这些知识带入教室,它们会对学生对课程内容的筛选和解读产生影响。因此,大概念教学提醒教师要以更开阔的眼界看待学情,学生在进入课堂前已经形成的价值观、态度、日常概念、大概念、小概念、经验、案例、事实等都会影响新的学习,而且这种影响既可能是积极的,也可能是消极的。安布罗斯和他的团队对"已有知识"进行了四种类型的分类:一种是正确且有益的已有知识,它能够支持新的学习过程,例如,了解"物态变化"的相关知识可以帮助我们更好地理解和掌握"水循环";一种是正确但不足够的知识,例如"振动可以发声",它不能解释"为什么听不到蝴蝶翅膀振动的声音,但可以听到蚊子声";一种是不适当的已有知识,它是正确的,但不适用于新的学习,例如"语言交流是有对象的目的性行为",它很难迁移到诗歌欣赏单元;还有一种是不正确的已有知识,它不能支持新的学习,例如,日常概念"有能量就是有力气"可能会导致学生对能量单元的学习产生误解。当然这里的知识非常宽泛,包括前面所说的日常概念、案例、大概念、小概念等。

这里重点谈谈怎样了解与大概念有关的学情,一般来说有以下两种渠道:

渠道一:和同事交流。教师可以和同事研讨这个单元的大概念是什么,学生已经学过了哪些与本单元有关的大概念,他们掌握得比较好的是什么,存在哪些学习的难点,等等。如果可以,甚至可以把往届学生的作业或作品找出来,对照评价量规等分析他们的学习情况。

渠道二:向学生了解。教师既可以通过课前问卷,也可以通过课堂提问或课后作业的方式进行调研。这种调研的对象既可以是全班,也可以针对一些特定的群体,如优等生或后进生。其中,对全班的调查用问卷更好,而对个人或小群体的调查可以采用一对一的访谈。从相对的角度看,通过问卷调查可以更深入地掌握学生的学习状况,而通过访谈则能更全面地了解学生的学习情况。

此外,由于大概念教学是基于迭代逻辑进行的,这意味着大概念,尤其是高级的大概念(例如与构思和建模相关的大概念)是会反复出现的。因此,我们可以直接检查学生对大概念的掌握程度。我们可以鼓励学生自行做出决策,例如,提供以下几个层次供他们选择:"我对这个大概念有所了解—我可以通过实例来解释这个概念—我可以利用这个大概念来解决各种问题,无论是书本上的问题还是现实世界中的问题"。我们也可以向学生提出一些问题,鼓励他们运用宏观的概念来解答,或者利用思维工具。

(二)撰写单元概述

大概念教学往往需要撰写一个单元概述,帮助学生从整体上把握学习的方向。一般来说单元概述由以下几个部分组成:单元学习的意义、单元思考的问题、单元学习的安排、单元最终的任务、单元学习的评价等。

(三)进行单元规划

比起传统教学,大概念教学的各组成部分之间的联系性更强,可以用"单元轴"串联各课,形成单元规划。单元规划可以用一定的方式展现给学生,如单元任务单等,让学生了解单元的结构、课时的安排、学习的进度或作业的要求等。

第三节 设计建构元素

一、两个不同的建构方向:一是归纳式,二是演绎式

构建大概念需要两种不同的思维模式,即归纳(具体—抽象)和演绎(抽象—具体),这两种思维模式在整个大概念教学过程中都是不可或缺的。

按照"从总体框架上偏向于归纳还是演绎"的教学准则,我们可以将建构教学分为两个方向:归纳式教学和演绎式教学。其中,归纳式教学被视为更高级的学习方式,而演绎式教学则被认为是更低级的学习方法。这为教师经常提出的一个问题提供了答案:是否应该在朗读之前先通知学生?事实上,我们既可以采用"先告诉"的演绎式教学方法,也可以选择"后告诉"的归纳式教学方式。

二、建构的四种方法序列

在观察了大量的课堂后,费希尔等提出了扶放有度的教学模式,即有目的地通过教师示证、教师辅导、同伴协作和独立表现实施教学。在这个过程中,认知负荷逐渐从教师身上转移到学生身上,最后学生能独立运用所学解决问题,学习便真正发生了。扶放有度的教学模式就是为了帮助学生理解大概念,只有大概念这种高阶的目标才需要学生充分经历从扶到放的过程。因此,大概念教学其实需要各种教学方法的相互配合,每一种教学方法都有它的意义。

无论是归纳式教学还是演绎式教学,都会用到不同的教学方法。范梅里恩伯尔和基尔希纳进一步将"方法"与"路向"相结合,构成了一个二维矩阵,出现了四种情况,即演绎—讲解(教师先给出大概念,再联系案例帮助学生理解)、演绎—探究(教师先给出大概念,再由学生通过探究来理解)、归纳—讲解(学生通过案例来归纳大概念,再由教师讲解)和归纳—探究(学生通过案例来归纳大概念,再通过探究加深理解)。从"扶到放"的教学顺序来看,从教师全扶(演绎—讲解)到教师全放(归纳—探究),整个教学过程经历了"半扶半放"(演绎—探究和归纳—讲解)的阶段。

　　然而,范梅里恩伯尔和基尔希纳提到的"讲解"在本质上是指以教师为中心的教学方法,这包括教师的讲解、教师的示范、教师的指导以及师生之间的讨论等。而"探究"则是指以学生为中心的教学方法,例如小组合作、实验性探究、实地参观、研究调查和实际应用等。需要强调的是,尽管这里所提及的许多教学手段都是传统教学的一部分,但由于大概念教学与传统教学的目标存在差异,因此在具体的教学方法实施上也会有所不同。

　　在大概念教学中,教师示证是"阐释"专家思维。南森和彼得罗西诺提出了"专家盲点"现象,就是指当一个人对某个领域的知识非常熟悉时,很难记起当初自己是如何学习的。在教学中,"专家盲点"现象表现为教师很习惯地按照学科的内在结构展开教学。正因为这样,学生看到的是平滑的、确定的专家结论,看不到专家经历困境、做出抉择、解决问题的完整思维过程。

　　综合考虑,我们可以将这四种构建的方法序列命名为"演绎—教师为主型""演绎—学生为主型""归纳—教师为主型"以及"归纳—学生为主型"。然而,值得一提的是,即便在"归纳—学生为主型"的教学模式下,学生的归纳大概念也需要经过教师的严格验证。这是因为归纳大概念不仅极其重要,而且具有一定的难度,学生很难独立完成,因此需要教师的积极参与和指导。

高中历史教学概述

第一节　高中历史教学体系

一、高中历史教学的目标、任务

（一）高中历史教学的目标

1. 历史教学的三维目标

由于"路径依赖"，高中历史课程"三维目标"依然对当前的历史教学具有深刻影响力和指导力，所以，"三维目标"体系依然是本书教学设计中需要分析的内容之一。从一个横向的角度来看历史教学目标的术语体系，我们可以将其细分为"知识与能力""过程与方法"以及"情感态度与价值观"，以下是对此的简要分析。

（1）"知识与能力"目标

"知识"与"能力"之间的联系是错综复杂的，尽管知识可以独立于学生个体而存在，但能力必须与学生个体紧密相连，并在教学实践中得到体现。

从广泛的角度看，历史知识学不仅涵盖了知识和能力，还包括了过程、方法、情感、态度和价值观等多个方面。在历史的教学过程中，历史事实、历史现象和历史现象背后的发展规律是不同类别和层次的知识，这些知识的掌握会对应不同层次的思维活动，也就是学生的学习能力。在历史的教学过程中，认知部分的教学目标可以被划分为六个核心层面（如表3-1所示）。

表 3-1 认知领域的教学目标分类

层次	一般目标举例	行为动词
1.知识	知道历史名词、概念、事实	描述、列举、说明
2.领会	理解有关知识并进行形式转换	区别、解释、归纳
3.应用	应用概念及原理于新情况 应用定律及学说于实际情况	改变、发现、解答
4.分析	评鉴资料的相关性	关联、选择、分析
5.综合	描述阶段性历史人物和事件关系	联合、归纳、总结
6.评价	运用材料评判所学内容的价值	鉴别、对比、检讨、证明

（2）"过程与方法"目标

"过程与方法"不仅是一种手段,同时也是我们追求的目标。在高中历史的教学过程中,为了让学生掌握特定的历史知识,需要采用特定的学习策略、方法和流程。历史学科的"过程与方法"目标是确保学生在学习历史时能够形成相对合理且能够解决历史问题的思维方式和方法。更明确地说,"过程"是指一个让学生亲身体验和感受历史事实,以及对历史进行解读和评估的过程;"方法"是指掌握确定历史事实、解读和评估历史的思考方式。

（3）"情感态度与价值观"目标

在历史教学中,"情感态度与价值观"的目标是指在课堂上所设定的"情感态度与价值观"的方向。根据价值的内化程度,我们可以将其分为五个不同的级别(表 3-2)。

表 3-2 情感领域的教学目标分类

层次	一般目标举例	行为动词
1.接受	注意听讲 了解学习历史的重要性 对历史问题保持敏感	把握、发问、描述
2.反应	完成历史学习 遵守学校规则 参与课上讨论 对历史学习有兴趣	表现、遵守、讨论

续表

层次	一般目标举例	行为动词
3.价值评价	欣赏优秀历史 认识历史学习的重要性 学会用历史思维看待、分析问题	验证、完成、阅读、分享
4.组织	承认解决问题系统规则的重要 接受自身行为的责任 了解并认知自身的能力及限度	坚持、比较、关联
5.由价值形成的个性化	具备良好的思想品德 具有民族自豪感和爱国情怀	建立、分辨、实践、品质

高中历史课程的三维目标体系是进行高中历史教学时必须遵守和实现的教学目标。在高中历史教学中,我们应该全面地探索、洞察并总结上述的三个目标,并在此之上,致力于培养学生在历史学科上的核心能力。提出历史学科核心素养的观念,对于高中历史教师在教学设计和应对策略方面构成了一次严峻的挑战。

2.历史教学的课堂目标

高中历史课程是在高中教育阶段设立的一门专门的学科,它是通过教学实践活动来进行的,其主要目的是实现特定的教学目标。

①使学生掌握历史事实。

②使学生了解民族地区民俗习惯与文化内涵。

③使学生掌握历史规律和特点。

④培养学生正确的历史观。

⑤提高学生的历史思维、分析能力,使学生学会辩证地观察、分析历史与现实问题。

⑥使学生了解与认识历史学习的价值。

⑦提高学生组织与开展历史教学与宣传相关活动的能力。

⑧拓展学生学习和探究历史问题的空间。

⑨使学生具有从事历史科研及相关工作的基本能力。

⑩培养学生关注与积极参与历史活动的意识。

⑪培养学生传承与发展优秀历史文化的能力。

⑫让学生从过去的历史中吸取智慧,并培养他们作为现代公民应有的完整人格和人文修养。

⑬深化对祖国的深厚情感和对全球的认知,同时培育学生的爱国之心和对民族的骄傲。

历史课程的教学目标是通过一次历史课的教学,提升学生对具体历史事件和历史人物的认识,并学会用历史的视角进行判断和分析,历史教学的课堂教学目标主要是实现微观层面的教学目标。上面提到的历史教学目标往往需要经过长时间的教学过程才能达成。

在设定历史课程的教学目标时,应优先考虑学生历史知识的积累、历史文化修养的提升以及历史道德品质的全面发展。这样不仅能全面地培养学生的各种能力,还能有效地将品德教育、知识教育、情感教育和人格培养融为一体。

(二)高中历史教学的任务

1.客观传播历史知识

在高中历史课程的教学过程中,教师应该通过教授古今中外的历史知识,积极传播历史事实和历史文化知识,并确保学生能够全面掌握这些知识。在高中历史教育中,传授历史知识被视为最根本的教学职责。

2.推动学生朝着健康的方向成长

在素质教育的大背景下,推动学生健康成长被视为各个学校和学科的核心教学目标。学生的全面健康成长涵盖了身体、心理和社交等多个维度。历史教育在促进学生健康成长方面,主要集中在心理健康和社交健康两个关键领域。

(1)调整自己的心态,对当前的生活进行深入思考

首先要明确的是,历史教育在培养学生的高尚情操方面起到了至关重要的作用,这也构成了历史课程教学的核心任务之一。在学习历史课程的过程中,学生能够深入了解特定的历史人物和历史事件,从而获得一定的启示;教师在进行历史教学时,应该能够发挥"鉴史"的功能,帮助学

生从历史事件和生活中反思当前,调整心态,积极面对学习和生活的挑战。

(2)丰富情感,完善人格

师生通过多种教学组织形式和教学活动的开展与历史进行对话。师生对于历史问题的思考与分析,有助于完善学生的思维与情感,很多历史事件的发生不可避免,一些历史人物的遭遇或进步思想都有其历史存在的必然性,受到历史发展局限性的制约。对历史问题的思考,有助于丰富学生的情感、促进学生的人格发展,还能促进学生从历史人物的为人处世性格特征中去学会对人格的反思。

3.发展学生历史思维

高中历史教学不仅要为学生的升学服务,还要发展学生的历史思维,让学生树立正确的历史价值观,使学生学会客观看待历史人物与事件。

在高中历史课程教学中,教师要通过学生对历史理论知识的学习,加深学生对历史知识、规律的把握,拓展学生的眼界,使学生的历史知识不断加深和扩大,锻炼和培养学生学习和运用历史知识的能力,这是高中历史教学的一个重要任务。

学生在学习历史时,仅仅阅读历史文本和了解历史事件,并不意味着他们真正理解了这些事件的历史含义。学生应该有能力根据历史资料或文本来探究历史的背景、立场和角色,并对这些史料进行深入的解读和判断,以寻找历史解释和理解的合理性,并培养历史思维。

正如一些学者曾经指出:"历史是对过去的记录,而不是为了过去,而是为了现在和未来的公众。"通过高中历史教学活动的实施,我们应该培养学生树立正确的历史价值观,树立唯物主义的历史思维和观念,使他们能够客观、公正、全面地看待历史,思考问题,吸取历史的经验和教训,体验历史的伟大意义,体验人类历史的艰辛和成就,感悟人类文明的宏伟和精神理论的伟大,并启发学生运用历史思维对人类社会的发展进行想象。

4.努力提升学生的思想和道德水平

通过"明历史,知廉耻"的学习方法,学生可以培育出优秀的思想道德和历史素养。在进行历史教学时,教师需要深度探索历史教学在德育方面的作用,以促进学生在历史思想和历史道德方面的全面发展和提升。

在高中历史课程的教学过程中,通过观察前世的兴衰、评估当下的得失、赞美善行、选择正确与错误来丰富学生的历史情感体验,让学生充分体验历史事件、历史精神,培养学生良好的历史道德和社会道德。

通过历史的教学,我们可以加强学生的爱国情怀,培育他们的高尚品质,并教导他们尊重教师、遵守文明礼仪,使他们成为"社会的自觉代表"。

5. 继续传递卓越的历史和文化遗产

人类社会的历史进程是一个不断创新文化和建设社会文明的历程。在学习历史的过程中,我们不仅要深入了解和掌握历史的事实和规律,还需要学习在人类历史进程中出现的各种民族文化,并高度重视优秀民族文化的传承和保护。

历史教学不仅是历史事实与过程的教学,也是文化的教育传承。在高中历史教学中,教师不仅要将具体的历史事实客观地讲述、呈现给学生,还要将历史中的文化内容传递给学生。

在高中历史教学中,教师要科学安排不同历史课内容之间的逻辑教学关系,可以把历史中不同事件、人物、国家、地区、民族之间发展的关系串联起来,通过历史文化发展宏图的构建,来了解整个人类历史的发展过程与规律,并对历史上的优秀文明与文化进行传播与传承。

在高中历史教学中,教师对历史文化的传授,或者说学生对历史文化的传承具有阶段性。包括历史在内的历史教学贯穿整个教育阶段,从小学一直到大学,各个阶段的历史教学中,教师对历史文化的传授重点、内容是不一样的,各阶段的历史文化应符合学生的认知范围,做到各个阶段历史文化传承的持续、不间断,以促进学生在各个阶段对历史文化的掌握与传承。历史教学在历史文化的传递和继承中起到了不可或缺的作用,这也是教育者在历史教育过程中应当承担的核心教学职责。

6. 开展爱国主义教育活动

为了提高高中历史课程的设计和教学效果,教师应该致力于进行历史教育,并完成对学生的爱国主义教育任务。

在高中历史课程的教学过程中,教师有责任在不知不觉中培养学生对祖国和人民的深厚情感。这不仅能帮助学生建立起为国家建设而全身心投入的责任感,还能激发他们对祖国的自信和自豪,进一步加强他们对国家未来的信心。这不仅是每位历史教师应尽的教学职责,也是他们应当完成的教学任务。

二、高中历史教育的核心和重要性

(一)高中历史课程的核心内容

历史教学实质上是对历史事件的深入研究和反思。高中历史课程的目标是引导学生深入学习历史,强调学生需要深入思考历史事件的起因与其后果之间的联系,并给出合适的历史解读。学生必须明白,他们在学习历史时需要积极地去探索和反思。

历史学的真正价值并不仅仅在于提供大量的实践经验,更重要的是培育对历史的认识,能够从变化的角度审视历史,深入了解人在历史进程中的角色,并增强自我评估和社会参与的能力。

在高中历史课程的教学过程中,历史教师有责任引导学生去反思过去是如何塑造现代社会的,并促使他们从历史的角度进行思考、分析、反思、总结、推导、逻辑推理和解释,最终形成明确的结论。

(二)历史的教育实际上是一种人文素养的培养

历史被视为"人的学问",而历史教学的核心在于人文素养的培养,它与道德评估和道德教育是分不开的。

在高中历史的教学过程中,教师有责任协助学生深入理解不同社会结构、各个发展阶段的人类社会的时代特色、思考模式和生活习惯所承载的文化含义。此外,教师还应帮助学生建立正确的道德观念,培育他们的社会责任感和参与社会的意识,教导他们如何成为一个有责任感的人,培养他们的社会归属感,并帮助他们形成正确的世界观、人生观和价值观。

历史事件不仅是人类活动的结果,也是人们思维方式的结果。只有当学生深入了解历史人物所处的时代背景和他们的思维方式时,他们才能从历史人物的某些特定行为中领悟到他们的精神价值和伟大之处。

通过历史学习,学生理解了历史事件、有了对历史人物的感悟,才能进一步认识到一个国家、民族文化的精髓,才有可能认识历史传统,产生民族认同,传承民族优秀的品质、物质文化与精神文化。

历史教学的本质意义重在培养"人"而不是"人才"。历史教学应真正发挥育人功能,让学生汲取人类文明成果,陶冶爱国情操,培养人文情怀。

(三)高中历史教学的意义

1.帮助学生建立历史意识

学习历史,能从历史中获得一种思维观念与方法,即历史意识。只有具备历史意识,我们才能真正理解历史的发展轨迹,掌握历史的经验与教训,并依据历史的规律来洞察历史、观察当下并展望将来。

2.培育学生对自己民族的认同感

通过历史教育的方式,学生可以深入了解我国的民族精神和文化环境,深刻感受到我国在不同历史时期所面临的困境和失败,这为我们提供了一个警示,提醒我们要吸取历史的教训,并加强对民族情感的认同。

当我们回顾中华民族的历史时,可以看到各个民族在持续的融合和发展中,都有自己的民族认同感。例如,在春秋时代形成的"诸夏意识",它构成了先秦时期的民族精神基石,并体现了华夏民族对历史的深厚认同,这也是他们对民族精神的精神支撑。

3.协助学生确立正确的生活观念、价值取向和历史观点

教育的核心目标是促进人的社会化进程,使人们能够适应社会的各种需求、变革和成长。在日常生活中,我们面临的问题往往是多方面的,不能仅仅依赖单一学科的知识来解决。因此,现代教育强调综合性的教学方法,历史学科也不例外。历史教学不仅包括经济和法律等多个领域的知识,高中历史教学还需要在掌握历史知识的基础上,通过灌输中华儿女的优秀品质,来提升学生的思想品质和道德情操,使他们能够接受世界

观、人生观、价值观和历史观的教育。

第二节 现代高中历史教学基本理论与理念

一、现代高中历史教育中的核心学科理念

(一)教育学的基本理念

1. 对教育学理论的简要描述

教育学的理论探讨了教学的本质和普遍规律,通过对这些规律的深入理解,我们可以确定最佳的教学条件和方法来解决各种教学难题。

无论是古代还是现代,无论是中国还是外国,教育学的理论都非常丰富,例如:我国古代的孔孟提出的"学而不思则罔,思而不学则殆""循序渐进"和"因材施教"等儒家的教育观点;我国近现代,蔡元培和陶行知等人强调,教育过程中应当注重培养儿童的个性,并激发他们的主观能动性;近代捷克的教育家夸美纽斯主张教育的目标和内容应当与儿童的年龄特性相匹配的"大教学论",而法国的卢梭则对儿童的积极教育给予了肯定;现代教育家杜威所倡导的教育理念包括"以儿童为中心"和"实践"。这些教育学的理论和观点对于教学实践都具有极其重要的指导意义。

现代教育学理论主要研究以下问题:

①研究教学本质。

②研究教学价值、教学目的、教学目标。

③研究教学活动关系。

④研究教学内容。

⑤研究师生关系。

⑥研究教学方式与方法、教学模式与教学组织形式。

⑦研究教学评价。

2. 教育学理论对历史教学的指导

教育学理论为现代历史教学设计提供了理论支持,在教育学理论的

指导下,通过明确历史对象和范畴,指导历史教学设计,为历史教学设计提供理论依据,有助于历史教学实践活动的科学开展,并实现良好的历史教学效果。

(二)心理学理论

在高中历史的教学实践中,心理学的相关理论应用主要集中在教师对学生学习心态的深入理解和研究上。

1.心理学学习理论

心理学学习理论专注于探究学习者在学习过程中的心理状态,包括学生的学习动机、态度以及在学习过程中心理活动的各种变化。

一个人的学习心态对其学习行为和效果有着显著的影响。因此,为了更有针对性地进行历史教学,教师需要深入了解不同学生或群体的学习心态。

2.历史教学受到心理学学习理论的指引

心理学的学习理论强调,历史教师在进行教学时,必须高度重视学生的"人"特质和他们在课堂上的行为表现与分析。教师应深入了解学生的学习心理和需求,充分运用多种教学策略和组织方式,以激发学生对历史的学习兴趣和热情。

此外,了解学生学习心理,还有助于教师与学生之间的和谐关系的建立,有助于促使传统的"单向"历史教学向"双向互动"的历史教学转变,对于良好历史课堂氛围与课堂教学效果具有重要促进作用。

(三)传播学理论

1.传播学理论概述

传播,即信息的传递。信息传播系统的建立包括四个要素:信息发送者、信号、信息通道、信息接受者。

传播学理论认为,有效的传播不仅是发送信息,还要从接受者那里获取反馈信息,以确认信息发出的准确无误和达到信息传递效果,这有助于信息传播者完善信息传播通道,以获得最佳信息传播效果。

2.传播学理论对历史教学的指导

根据传播学理论与相关观点,可以将教学过程的"教师传道授业解惑"过程看作一个历史教学信息的传播过程,在历史课程教学中,教师是信息的传播者,学生是信息的接受者,历史课程教学内容即传播的信息。

传播学中的信息传播模型可以帮助教师明确教学内容这一信息在信息传播中的地位和实现教学信息有效传播,获得良好历史教学效果应完善的相关历史教学因素。

历史教学过程是一个双向性的活动过程。教学中,教师向学生传递教学知识,要避免"填鸭式"教学,要重视学生的学习反馈,以科学控制、调整、完善历史教学过程。

另外,在传播学的理论框架下,教师需要对历史教学进行多方面的分析,包括受众分析、媒体分析、过程分析和效果分析。这样做是为了更准确地了解学生对历史课程的学习需求、学习内容、使用的教学媒体和教学评价等多个方面。只有科学地设计这些因素,并合理地安排这些教学因素之间的互动关系,才能最终实现优秀的历史教学成果。

(四)社会学理论

1.社会学理论概述

社会学是一门专注于研究各种社会学现象、社会构成元素以及它们之间的相互联系、社会环境、社会运动的变化和社会发展的规律的学科。

社会学采用客观和系统化的研究方法来探讨社会的制度、结构、政治和经济进程,以及不同群体或个体之间的互动关系。其目的是获取有关社会运行和发展的知识和理论,从而更好、更有效地管理社会,推动人类社会的持续发展。

2.历史学科与社会学科的关系

首先,历史学作为一门学科,具有揭示社会规律的能力,它可以通过历史学的研究来展示历史的发展规律,并为社会的未来发展方向提供预示。此外,它还能帮助人们建立正确的世界观,理解社会的发展规律,并对未来社会的发展做出更为科学的预测。

其次,历史学科为社会发展的研究提供了宝贵的历史背景和值得参考的实践经验。历史学科有一个核心职责,那就是汲取历史的教训和经验,确保后代不再犯同样的错误,并在社会实践中始终保持警觉,追求利益、规避风险,并选择最好的方向。

再次,社会进步是受多重因素驱动的。历史学科不仅为社会进步提供了宝贵的服务,其提供的历史事实和资料也为社会的建设和进步做出了贡献。例如,它为博物馆的展览、文物的收集和保护、历史文学和影视作品的创作,以及为国家的政策制定和军事战略规划提供了宝贵的历史参考。

最后,历史学科与社会学科都拥有其独特的教育价值。通过对历史和社会知识的学习,我们可以帮助学生建立民族的认同感和自信,完善他们的人格,并不断提升个人作为现代社会人才的素质。

二、现代高中历史教学的理念

(一)育人为先

在"立德树人"被视为教育的核心任务的大背景下,如何真正实施和体现历史学科的教育价值,已逐步成为一线历史教育者所关心的焦点问题。历史教师在组织和实施高中历史教学活动时,必须始终认识到"育人为先"是高中历史教育教学的基本任务。他们需要深入研究历史学科的育人价值理论,并通过实际的历史教学实践,确保"育人为先"的教学理念能够落地生根,从而培养出素质全面、高品质、符合现代社会发展需求的人才。

目前,历史学科的育人价值研究主要集中在历史学科的核心素养上,学术成果丰富,育人价值的系统化和结构化已经初露端倪。关于实施历史学科的育人价值路径的研究成果,既包括宏观层面的理论,也包括教学实践层面的教学模式总结或借鉴,但是在实施历史学科具体育人价值的教学实践研究方面,目前还很少见。

历史教学具有多元化的教育价值,历史教师还应通过组织各种历史教学活动,以充分发挥历史学科在人才培养方面的作用。这不仅能丰富学生的历史知识和文化修养,还能提升他们的历史意识和对民族文化的认同感,进一步促进学生在德、智、体、美等多个方面的全面发展,最终将每一名学生塑造成社会发展所需的合格的建设者和接班人。

(二)以生为本

"以生为本"的历史教学理念是人本主义"全人教育"理念的具体体现,教育的根本目的在于开发潜能、完美人性、完善人格,成为世界公民。

关于教育的目标认识:共识——教学生"做人",教学生"做事"。科学主义教育观——人的工具性:培养能适应科技和经济发展的人作为教育的根本目的,人本主义心理学的教育目的——人的完整性:使学生成为"学会如何学习的人"到"学会如何适应变化的人",从而成为能够适应社会要求的"充分发挥作用的人",最终达到自我实现的终极目标。

"以生为本"要求高中历史课程与教学应面向全体在校学生,并关注学生个体差异性,做到因材施教,培养学生的学习能力和创新意识,使他们都能达到课程标准所规定的学习目标。学生个体之间存在客观差异,如他们的年龄、性别、知识基础、认知能力、性格特征、行为、习惯、动机和学习需求、文化背景、家庭条件与氛围等各不相同,历史教学就是教师在面对具有不同特点的学生时,通过科学设计历史教学要素、环节与过程,赋予全体学生同等的学习历史的机会和爱心,使所有的学生都能达到历史教学课程标准所规定的学习目标。

在"以生为本"的历史教学理念指导下,教师应做到以下几点:

第一,必须让学生成为历史学习的主体,关注学生的学习需求和学习体验。

第二,我们应当尊重并信赖每位学生,为他们提供平等的历史学习机会,确保每位学生都能在已有的基础上得到进一步的提升和成长,达到相关文献所规定的知识和认知水平。

第三,我们需要构建一个与学生学习特性和需求相匹配的课程体系,该体系应从学生的实际生活经验出发。这样,学生在全面掌握历史基础知识的同时,可以根据个人兴趣选择不同的课程模块进行更深层次的学习,从而更好地促进学生的个性化发展。

第四,我们要因材施教,深入研究和理解学生心理上的独特差异。基于学生的实际情况,通过层次化的要求、指导、实践、评估和修正等方法,确保每位学生都能从中受益。

第五,我们在分配历史课程资源时,必须遵循"人人均等"的原则,不能人为地放大成绩较高的学生与成绩相对较低的学生在历史学习资源上的差距。

第六,确保每一个学生都能有充分的机会来展示他们在历史学科上的学习成就。

第七,对学生进行客观和全面的评估,不应对他们持有任何形式的偏见。

(三)落实人文教育

在"应试教育"价值观指导下,历史教育注重社会功能,学校历史教育以知识为中心,学生为了分数而学习历史,历史教师为了升学而教历史。

在新课程背景下,历史教育的根本功能是育人,是促进学生身心和谐发展。在历史教学中,应重视从以下两个方面促进历史育人功能的实现。

1. 对学生进行人文素质培养和人文精神熏陶

通过高中历史课程的深入学习,我们旨在培育学生全面的人格特质,并推动他们个性的健全成长。掌握历史知识并不仅仅是学习历史课程的终极和唯一目的,它更是全方位提升人文修养的根本和手段。在历史新课程的教学实践中,教师应当始终将人文精神融入其中,确保其在整个历史教学流程中都得到体现。

高中历史课程的目的是让学生从历史的视角去探索和思考人与人、人与社会、人与自然之间的复杂关系。这不仅关注中华民族和全人类的历史命运,还旨在弘扬爱国和民族精神,培养学生开放的世界观、人生观和价值观,使他们能够将历史基础知识"内化"为对历史基础知识的感知、体验和感悟,并在实际行为中体现出来。

2.为社会培养合格的公民

在过去的应试教育模式中,我国的历史教育在为公民提供教育的功能上显得不够完整,包括高中的教师在内,大部分历史教师对于历史教育与公民教育的相互关系并没有给予足够的重视。

在这个新的时代背景下,我国随着经济和社会的持续进步,对于公民的综合素质也提出了更为严格的标准。在培养社会成员的过程中,历史教育应当重视对人的全面教育。

在历史教育的教学过程中,我们应该更加重视培养学生作为未来合格的社会公民的能力,加强他们的公民意识和道德法治教育,重视公民意识的培育,以提升学生作为社会公民的综合素质。

第三节　历史学科的核心素养

一、历史学科的核心素养

(一)历史学科核心素养的概念说明

历史学是人类文化的重要组成部分,在传承人类文明的共同遗产、提高公民文化素质等方面有着不可替代的重要作用。高中历史课程承载着历史学的教育功能,中国学生发展核心素养的六项要素十八个基本点,几乎都与历史课程的学习相关。对历史学科核心素养的界定是在深入总结21世纪以来历史课程改革宝贵经验的基础上,不断征求各方意见、不断慎重调试、尊重学科本质、遵循教育规律,在几易其稿的过程中逐渐发展和完善的。目前人们已基本达成了关于"历史学科核心素养"这一概念的共识,即历史学科核心素养是历史学科育人价值的概括性、专业化表述和集中体现,是知识、能力、方法、情感、态度和价值观的整合与提炼,是学生在学习历史的过程中逐步形成的具有历史学科特征的、在解决真实情境中的问题时所表现出来的正确价值观念、必备品格和关键能力,是通过历史学科的学习之后能够留下来的最有用的东西。可见,对"历史学科核心素养"的定义是建立在历史学学理和历史教育本质基石上的。

(二)历史学科核心素养的提炼依据

1. 学理依据

由于历史具有不可复原性,过去的事情主要存留于当时当事人的报告或记录以及后世史学家的整理、编纂、解读和陈述中,有时很难严格区分客观存在的历史与史学家记载的历史。为此,我们必须明白:历史是不以人的主观意志为转移的客观存在,是"自在的",过去是史学家研究、撰写历史的基础和认知来源;人们研究客观存在的历史和前人撰写的历史,希望无限接近历史的真实,是史学家研究、撰写历史的基本要求和最高追求;无论何人以何种形式撰写客观存在的历史,都不可避免地渗透记录者、描述者和研究者的主观意识——如何获得、使用史料,如何理解、解释历史,不同时代、不同社会、不同身份的人秉持的立场、观点、方法和视角,影响着各自对同一历史事件、历史人物和历史现象的记录、描述、判断、推理和研究,最终呈现的方式、得出的结论和传达的观念各不相同,甚至相悖。因此,解答历史"是什么""为什么""怎么样"等问题,必然会涉及历史理论和历史研究方法论等范畴。

关于史学方法论,仍以司马迁为例,他提出了最基本的史料处理的原则,运用原始资料研究"当代史(汉代)""史记石室金匮之书",充分利用汉代国家档案文库所藏的原始资料;关于先秦历史的资料运用,司马迁提出了"学者载籍极博,犹考信于六艺"。同时,为了验证儒家"经""传"的可信度,司马迁不辞辛劳地探访、调查相关遗址,了解当地风土人情,并和儒家典籍相比照,考辨真伪,以达到"所有表见者皆不为虚妄也",力求接近历史的真实。由此可知,历史学习者、研究者掌握和运用的史学方法反映其研究、解决历史问题的关键能力。

通过简要分析"历史""历史学"和"历史哲学"的概念内涵,可以知晓"历史学是记录和解释人类从古至今一系列活动进程中的历史事件、历史人物和历史现象的一门学科,是人类精神文明的重要成果,是一切人文社会科学的基础。它要解决的问题是通过对史料的考证、叙述和分析,不断发现、理解、解释、评判真实的过去,探讨发展规律,为当今和未来提供借鉴"。学习历史的过程,是累积知识、习得方法、提升解决问题的能力,以及培养情感、态度和价值观的过程,这是历史学科核心素养的学理依据。

2.教育本质

从历史教育的本质提炼历史学科核心素养,要回答"历史,要学什么;历史,要怎么学"的两个本源问题。

首先,要立足历史教育的宗旨回答"历史,要学什么"的问题。高中历史课程以"立德树人"为根本任务,高中历史学科的学习旨在帮助和促进学生在追寻文明足迹、体验历史发展、知晓前人得失、感受史学进步的过程中,习得了解、解释与评价历史的思维逻辑,汲取历史经验,体悟历史规律,开拓历史视野,陶冶道德情操,成为有处事能力、发展意识和责任担当的公民。在此基础上,学生能够从历史发展的视角理解并认同社会主义核心价值观和中华优秀传统文化,认识并弘扬以爱国主义为核心的民族精神和以改革创新为核心的时代精神,具备跨文化的国际视野和沟通能力,提升国际竞争能力,积淀全球素养。综其要旨,就是要树立正确的世界观、人生观、价值观和历史观。可见,历史学习,既要学习历史知识,也要学习史学方法,在学习中形成正确的情感、态度和价值观,以促进个性的持续发展和全面发展;在成就成功人生的同时,也能为推动社会、民族、国家乃至世界的进步贡献一己之力。因此,明确"历史,要学什么",就能明确和理解历史学科的育人价值。历史学科核心素养所述及的"学生通过历史课程的学习逐步形成具有历史学科特征的正确价值观念、必备品格和关键能力",就是历史学科育人价值的概括性、专业化表述和集中体现。

其次,要遵从历史教学的规律回答"历史,要怎么学"的问题。从"教"的方面而言,历史既是过去的事实、过程和规律,也是人们对过去的理解和解释。历史无论是久远的还是晚近的,无论是辉煌的还是黯淡的,只有通过解析和认知,才能彰显其借鉴作用和教化功能。从"学"的方面而言,学生以聆听、阅读、观察、理解和思考,收集并解读典型史料,发现、探索历史及有关问题为主要学习方式。可见,高中历史的"教"并非止于教科书,高中历史的"学"亦非死记硬背教科书。基于历史学科育人的终极目标,认识历史的过程比记住历史事件更重要;广泛阅读历史材料,从中发现问题,进而思考解决问题的方法及途径,比记住所谓的标准答案更重要;知道同一件事有不同的史料,同一史料有不同的解释,比背诵结论性的历史陈述更重要;洞察历史认识的时代性和发展性,比牵强附会某些观点和俗见更重要。因此,历史教学应重视"史由证来、证史一致、史论结合、论从史出"的史学思想方法的培养;应注重历史进程中生动、形象、典型、富有启迪、具有感召力的过程;应关注从"如何知道过往""如何认识历史"的视角传达的历史认识的方法;强调为学生的终身学习与发展奠定知识与能力,过程与方法,情感、态度与价值观的基础。也就是说,"怎么学"关乎正确价值观念、必备品格和关键能力的养成,这是历史学科核心素养的教育本质。

(三)历史学科五项核心素养的解释

我国高中历史学科核心素养体系,包括唯物史观、时空观念、史料实证、历史解释、家国情怀五个方面。

1. 唯物史观

唯物史观即历史唯物主义,是马克思主义哲学的重要组成部分。从宏观层面看,唯物史观是揭示人类社会历史客观基础及其发展规律的科学的历史观和方法论。唯物史观的理论体系博大精深,其基本原理概述如下:

(1)社会存在决定社会意识:"与唯心主义历史观不同,它始终站在现实历史的基础上,不是从观念出发来解释实践,而是从物质实践出发来解释各种观念形态。"由此,历史才有可能成为"关于现实的人及其历史发展的科学"。

(2)从社会结构、社会矛盾和发展动力的角度分析人类社会的运动和演进社会历史发展的一般过程:一是生产力和生产关系的矛盾是生产方式的内部矛盾。生产力是内容,是最活跃、最革命的因素;生产关系是形式,是相对稳定的因素,于是就产生了生产方式内部生产力和生产关系的现实矛盾。二是生产方式的变化首先从生产力的变化开始。当生产关系适合生产力状况时,对生产力的发展起促进作用,社会发展处于量变阶段,矛盾不具有对抗性。三是当生产关系不适合生产力发展而变成它的桎梏时,新的生产力与旧的生产关系发生尖锐冲突,其结果必然要求生产关系发生根本变化,社会发展就由量变转化为质变,社会革命就到来了。可见,生产力和生产关系的矛盾是社会革命的物质根源。四是经济基础决定上层建筑。经济基础的变革决定了上层建筑也相应地发生变革,由此整个社会就发生全面的根本性的变化。总之,这一切归根到底是由生产力的发展决定的。

(3)人类历史的发展是有规律的。人类社会形态由低级向高级纵向发展,人类社会由分散到整体横向发展。

(4)人民群众是历史的创造者。承认"历史活动是群众的活动",不否定个人在历史上的作用,任何个人都不能改变历史发展的总趋势,但能够对历史的发展起加速或延缓、促进或阻碍的作用。

唯物史观是科学的历史观,也是科学的方法论。其基本方法如下:

(1)从历史实际出发,采取实事求是的态度

研究必须充分占有材料,分析它的各种发展形式,探寻这些形式的内在联系。只有这项工作完成以后,现实的运动才能适当地叙述出来。

(2)坚持历史观点和历史主义原则

历史事件、历史人物和历史现象,都是一定的社会历史条件的产物,了解这些条件及其变化,能对历史问题有真切的认识。

(3)运用历史的辩证法

构成历史过程的各种社会现象是运动与发展的,要用发展的眼光看待历史,运用辩证法的观点,具体问题具体分析,从而准确把握对象的本质与联系。

(4)整体研究和局部研究结合,要进行比较研究

在客观历史过程中,一切社会历史因素都是相互作用的。在历史研究中坚持整体研究的原则,以获得对历史相对完整的了解,而局部研究是

整体研究的基础。比较研究既可以发现一定时空范畴内历史事件或历史现象的共性,也有助于了解它们的特殊性,从而获得对历史问题比较切实的理解。

以上原理和方法是唯物史观关于社会历史及其研究的根本见解。将唯物史观置于历史学科核心素养体系的首位,源于其关于社会历史的根本见解的科学性。唯物史观认为社会历史的发展同自然界的发展一样有其自身的内在规律,历史研究的任务就在于阐明社会发展的一般规律。马克思曾表述:物质生活的生产方式决定社会生活、政治生活和精神生活的一般过程;社会存在(社会系统与架构、组成社会的各要素)决定社会意识(意识、诉求、思想等),社会意识又可以塑造及改变社会存在;生产力与生产关系(生产要素所有者与生产力提供者之间的关系)之间的矛盾、经济基础(由生产力和生产关系决定的经济组织形式)与上层建筑之间的矛盾,可以作为研究社会发展的出发点。唯物史观从社会生活各个领域划分出了经济领域,从一切社会关系中划分出了生产关系,将一切社会关系归结于生产关系,将生产关系的状态归结于生产力发展的高度,从而将社会形态的发展看成自然的历史的过程,由此揭示了人类社会发展的客观规律。

唯物史观厘清了社会存在和社会意识的关系,认为从社会物质生产关系出发是发现"在历史中起支配作用的规律的唯一途径",这也就回答了历史观的基本问题。可见,唯物史观是社会史观的革命性的变革,唯物史观使历史学成为一门科学。目前,除了唯物史观,还有文明史观、现代化史观、整体史观(全球史观)、社会史观和生态史观等多种类型"史观"的说法,但从严格意义上说,后几种"史观"的属性只是叙述或撰写历史的范式或视角,哲学层级的唯物史观涵盖了其中一些"史观",如现代化史观、整体史观等,用唯物史观的基本原理可以阐释人类社会的现代化进程和从分散到整体的世界历史进程。

将唯物史观列入历史学科核心素养体系,既与历史的认知特征相关,也是落实历史学科"立德树人"教育目标的需要。历史的认识是由表及里、逐渐深化的,要透过纷繁复杂的历史表象认识历史本质、把握历史规律,科学的历史观和方法论十分重要。学生在学习和研究历史的过程中,"了解和运用唯物史观的基本立场、观点和方法,全面、客观地认识历史,体悟唯物史观对人类社会发展规律的理论阐释,将正确的价值判断融入历史叙述与阐释之中",这对于培养学生的宏观视野,洞察过去与现在之间的联系,正确认识人类社会发展的总趋势,是有所裨益的,也是与高中历史课程的育人目标相吻合的。

2. 时空观念

时空观念包括历史时序观念和历史地理观念,是指在特定的时间联系和空间联系中对事物进行观察、分析的意识和思维方式。时空观念具体有两方面的含义:其一,将历史事物放在历史发展的长河中进行考察,认识和观察历史发展的全过程,辨明历史在每一个发展阶段上的特征,注重纵向联系,寻找因果逻辑。其二,了解历史发生的地点、区域、范围等,通过具体的空间定位,注重横向联系,观察历史发展过程中的政治、经济、社会、文化等各方面的相互关系和总的特征。而在历史认识中涉及的史事认知(狭义)和史事评价(广义),都与时空观念相联系,都需要准确的时空定位。

基于史事认知的历史时空观念大致包括三种类型:

第一种是指历史事件发生的特定时间和空间,如某年某月某日在某地发生了某事。这种时空定位最常见,往往指向单一的、特定的时空条件下的史事。比如,武王克商是"上古三代"历史上的大事,但由于史料记载不详,武王克商的年代难以确定。1976年在陕西临潼考古发掘了周初青铜利簋,利簋铭文记载了武王克商的过程,且在与后世文献、金文历谱相互印证的基础上,学者依据克商时的天象记载,运用天文学推算时间,大致认定武王伐纣的牧野之战的时间为公元前1046年。而在历史教学中,除了要明确牧野之战的具体时间,还要讲清"牧野"的地理位置,即商都郊外,商都殷位于黄河中游,即今天河南安阳,也就是传统意义上的"中原地区"。

第二种是指一定时段、一定空间范围内发生或存在的普遍现象,而非单一、特定的史事或现象。这种时空观念,时间上是一个段落或时代,空间上是一片区域,而非指某个时空节点。比如,"隋唐帝国威名远播""隋唐文明兼容并蓄""宋人有饮茶与斗茶的社会风尚""宋朝士大夫追求韵致的品位""10 世纪初到 14 世纪后半叶北方民族从渐变的行国发展到定居的城国"等说法都具有这类时空观念的特质。可以这么认为,理解资本主义的发生、发展及其演变需要立足时间和空间维度;反之,通过理解资本主义的发展历程,也有助于理解时间和空间的历史性。

第三种是指跨越时空定位的历史时空观念。这种时空观念不能简单视之为"历史的重演",产生这种"似曾相识"的意念,是在现实情境与历史情境极为相似的情形下,现实事件的亲历者通透了历史真髓的瞬间缘起,实现了古今一体的感悟。这种"读史痛痒相关,能与古人印心"的感悟是超越了时空隔阂的"了解之同情""移情与想象"。

将时空观念列入历史学科核心素养,是由历史学的本质特征和历史学科的课程特征所决定的。首先,时空观念是历史学的本质特征。历史是发生在过去的事情。"历史学是时段的辩证法。通过时段,也因为有了时段,历史学才能研究社会,研究社会整体,从而研究过去,也研究现在,因为过去和现在是密不可分的。"历史学是记录人类成长的学问,反映人类何以经过这样的成长而达到今天的高度。所以,时间和空间是历史最重要的两个要素。宏观而言,在时间、空间维度上,历史呈现纵向的、横向的规律发展;微观而言,任何史事都发生在一定的时间、空间条件中。因此,对历史的了解、理解、解释和评判都离不开时空观念,要能够在不同的时空框架中理解历史的变化与延续、统一与多样、局部与整体。比如,布罗代尔的历史时段论就是通过转换不同时空来"鸟瞰"史事,这里的时空,就有了方法论上的意义。其次,时空观念是由历史学科的课程特征决定的。人类历史浩如烟海,纷繁复杂,内容如何取舍?事无巨细皆入课程及教科书不仅不现实,还会降低历史学科的吸引力和学生的学习兴趣。因此,以纵横交错的时间和空间为坐标轴,在构建课程体系的过程中"博观约取",撷取对历史进程产生重大影响的事件和人物,串联人类从古至今的发展历程,勾连不同地区不同空间的特色文明,以利于学生把握人类历史发展的规律,形成历史的逻辑意识和宏观视野。

将时空观念列入历史学科核心素养,源于时空观念是学习、研究历史的基本思维方法。特定的史事总是与特定的时间和空间相联系,要运用划分历史时间与空间的多种方式叙述历史,按照时间顺序和空间地理,建构历史事件、历史人物和历史现象之间的相互关联,在不同的时空框架下对史事做出合理解释。也就是说,要在历史时空环境中,具体、动态地分析史事、人物和现象,既要厘清它们的历史存在状态,又要展现它们对现在及未来的作用和影响。因此,基于时空观念,辩证、联系、发展地研究、认识、叙述历史,是基础的史学方法之一,能起到培养学生历史思维品质的作用。

3. 史料实证

史料实证是指对获取的史料进行辨析,并运用可信的史料努力重现历史真实的态度与方法。历史具有不可逆性,认识历史只能通过现存的史料,因此,必须重视史料的收集、整理和辨析,去伪存真,将符合史实的材料作为证据,进而形成对历史的正确、客观的认识。史料实证作为治史必备的基本素养之一,除却初步掌握实证技能,更要养成实证精神,以之对待历史和现实问题。

史料是记录或反映过去的文字记载和一切物品,过去遗留下来的所有文字记载和物品都可以作为了解、认识历史的史料。史料按内容和形式划分,有如下几种类型:

(1)文字史料

文字史料是指一切以文字形式记录的历史资料,它在一定的历史范围内,反映一定社会观念和思想的痕迹。文字史料包括官私史书、文书档案、传记谱牒、报纸杂志、文集日记、回忆文稿、日常生活的文字遗留(账簿、土地契约、私人来往的书信等)、碑刻、墓志等。采用文字史料时,需要辨析其史学价值。因此,基于这些可能出现的问题,需要综合分析、比较各种类型、各种来源的文字史料,以发现和探索历史的真实。

（2）实物史料

实物史料是在人类发展过程中被保存或遗留下来的前人活动的场所和前人创造发明的有形物品，如遗迹、遗址、遗物等遗存，是人们在具体时空范围内的"行为痕迹"。实物史料的价值在于，它是历史的直接见证和历史知识的可靠来源，是我们能够直面过去的实物存在。实物史料大都可以作为第一手史料，在一定程度上能够弥补记载的空白，对于我们了解历史、认知历史具有重要作用。但实物史料并非能够反映历史的全貌，遗存的保存度受所在环境的制约，也取决于其本身的质量。况且，遗存只是凝固的过去，而非活的过去，人是历史活动的主体，实物离开了人，也就不能成为重建历史的依据，要使遗存发挥作用，关键是要复原当时人在当时环境中的活动。此外，由于实物史料作为一种历史的遗存，其本身不会"开口说话"，把它用作历史研究的史料，离不开研究者的阐述解读，这就难免掺入了研究者的主观认知，也就需要我们综合印证实物史料、文字资料及其他类型的史料，相互补充，以求最大限度地复原历史，无穷接近历史的真实。

（3）口碑史料（又称口述史料）

口碑史料是指被记录下来的人们口头讲述的对过去的回忆，它包括神话传说、民歌、俗话、童谣、谚语、族谱，以及亲历者和知情人的回忆录等。口碑史料的内容大都是亲身经历、耳闻目睹的史事，具有鲜活性。但受当事人的记忆、学识、情感、价值取向等因素的制约，口碑史料又具有不确定性。

随着科技的发展，图片、录像、录音等影音资料也成为史料的一部分，这些资料也需要鉴定和分析其证史价值。因为，写实性的历史题材（图画和雕塑）虽然能再现当时的历史场景，但其真实性却受制于创作技法和客观条件，且浓缩了创作者及其所处时代的历史认知与理解，具有一定的主观性；未经技术处理的照片也只能反映历史的某个片段、定格或场景，不能展示历史的全貌；录像、录音等影音资料只要经过剪辑，就会降低其真实性和客观性，削弱其证史价值。

此外,史料按证史价值还可以区分为原始史料(第一手史料)和转引史料(第二手史料)、有意史料和无意史料等;史料用作说理的证据,还可以分为直接证据和间接证据。

将史料实证列入历史学科核心素养,是由历史教育独特的"资政育人"的教化功能决定的。历史教育本质上是人文素养教育。历史知识作为人类以往实践的集体记忆,能够全面、综合地为人们提供文明发展和社会进步的经验,其最大的功能就是从价值层面通过历史经验的观照,确立人类社会认同的价值观,矫正社会发展的失衡和人性的悖谬,所谓"读史使人明智"的意义就在于此。而要实现上述目标,首先要恪守"读史求实"的原则。"真实的历史"从何而来?在无法回归历史场景的前提下,对历史真实的追求只能通过历史遗留的各种记录,即各种类型的史料而实现。由此,对史料的考证和利用成为史学研究的基本功,就高中历史教育而言,虽然不必专攻于考据学,但史料实证的基本方法的培养还是必需的。通过开拓课程资源,让学生接触更多的反映历史发展真实轨迹的各类史料,拓展历史信息的内涵和外延,学生在比较和鉴别中形成基本的证据意识、体会实证精神,树立"论从史出"的史学观念,完善健全人格,这是实现历史学科育人目标的重要途径。

将史料实证列入历史学科核心素养,是由历史学特有的学习研究方法决定的。历史是一门注重逻辑推理和严密论证的实证性的人文学科,这是因为人们对历史的认识主要凭借遗留的史料,人们对历史的叙述、理解、解释和评判都建立在史料的基础上。因此,实证是历史研究的基本方法之一。由于历史学习以知真、求通为基本目标,所以研究历史问题不是简单地接受现成答案,而是需要运用科学手段收集、整理史料,逻辑严密地辨析史料的真伪和价值,使用可靠的史料作为证据论证自己对问题的看法,并合理组织历史叙述,以揭示史事形成和史事之间的逻辑关系,形成对历史正确、客观的认识。同时,在疑史、证史、释史、补史的过程中,要遵循孤证不立、多元互证,史由证来、证史一致,论从史出、史论结合等原则,逐步体会和养成历史学习的实证精神和科学意识,提升历史思维的品质。可见,"史料实证,一切从事实出发,从实际出发,是历史思维和历史方法论的集中体现,是学习和认识历史的核心问题,也是历史理解能力和历史解释素养的重要表现和关键支持"。

4. 历史解释

历史解释是指对历史事物进行理性分析和客观评判的态度、能力和方法。具体包括:能够区分历史叙述中的史实与解释,知道对同一历史事件、历史人物和历史现象会有不同的解释,能对各种历史解释加以评析和价值判断;能够客观论述历史事件、历史人物和历史现象,有理有据地表达自己的看法,形成叙述历史的能力;学会从历史表象中发现问题,解释历史事物之间的因果关系;面对现实社会与生活中的问题,能够以全面、客观、辩证、发展的眼光加以看待和评判。

所谓"解释"大致有三种含义,即分析缘由、原因,说明词语含义,对事物的评论和诠释。结合历史学习和研究,以文字史料为对象,"历史解释"又可分为两种类型:史料解释和史事解释。前者包括解释文本的字面意义和探求文本的引申义,后者着重探讨历史原因和评价历史影响,或用某种理论来解释原因和评判历史。

解释文本的字面意义就是前人所说的"训诂"。由于古代文献的用字、语法与现代有较大出入,所以历史研究的第一步就是要读懂文本的含义。可见,此类史料解释是历史学习和研究的基础,贯穿历史教学始终。

"史事解释"也可分为两种类型:演绎式的史事解释和叙事式的史事解释。而且前者一般由结论(理论、常识、假设)而推至个别、特殊的历史事件,后者则用叙述方式解释历史事件的因果关系。

关于演绎式的史事解释,美国曾有哲学家认为"普遍规律不但在历史中起着与在自然科学中十分相似的作用,而且也是研究历史必不可少的手段",由此提出了"覆盖律的解释模式",即借助普遍规律或初始条件解释史事,其实质就是用演绎的方法来解释历史原因和评价历史。高中历史教学常现演绎式史事解释,比如从背景和原因到过程再到结果(影响、作用、性质)的教学程序,就是对史事的演绎解释。如何看待这种结论先行或按预设条件进行的历史解释？人类社会的发展演变是人有意识、有目的活动的结果，人类的行为复杂多变，历史的因果也异常纷繁，并非既定程序可以概而论之。晚年的马克思在《历史学笔记》和《古代社会史笔记》中进一步丰富和完善了唯物史观，但也表达了反对从概念、公式出发任意裁剪历史的想法，强调要从实际出发，即使极为相似的东西，在不同的历史环境中出现，也会产生完全不同的结果。经济状况是基础，但是对历史斗争的进程发生影响并且在许多情况下主要决定着这一斗争的形式的，还有上层建筑的各种因素。可见，如何解释历史的变迁、如何解释历史与现实及未来的关系问题，需要以全面、客观、辩证、发展的眼光加以看待和评判。

关于叙事式的史事解释，只需借助对前事的叙述来充分说明后事"如此发生"。叙事式的史事解释常用归纳法。一般而言，对史事的历史解释以外在的历史叙述的形式呈现，叙述者不仅要对史事进行整理、整合和描述，还要揭示其表象背后的深层因果关系，并进行史事评价，这必然会体现叙述者的方法、立场和观念等。所有的历史叙述在本质上都是一种历史解释，区分历史叙述中的史实与解释，知道对同一历史事件、历史人物和历史现象会有不同的解释，进而能对各种历史解释加以评析和价值判断，这是历史学习与研究应该具备的态度、能力和方法。

必须指出的是，"解释"有时与"理解"混用，但在历史学习和研究中，需要辨析历史理解和历史解释的区别和联系。历史理解是指对史事的叙述提升为理解其意义的理性认识和情感取向。在理解的过程中，个体的社会阅历、生活处境和个人心绪，以及理解的方法、叙事的结构，都会成为认知的必要因素而参与历史的认识活动中，导致认识过程和结果的差异、隔阂甚至曲解。可见，历史理解具有多元、多变、非终极性的特征。历史理解和历史解释既有区别，又有联系，历史理解是历史认识论的基础，历史解释是历史认识论的体现。设身处地地理解历史，是历史解释的前提。历史解释、理性认知、价值评判、情感态度的表达和价值观的选择都需要情感迁移和感同身受的理解。在历史认识的过程中，历史理解与历史解释往往也是交互进行的。

对历史解释的释义、对历史理解和历史解释的辨析,可以回应将历史解释列入历史学科核心素养的缘由。以时空观念、史料证据,尤其是以历史理解为支撑和基础的历史解释,是认识和学习历史的关键,是学生形成对历史的看法的主要体现。历史解释还是检验学生历史认知能力、方法和历史观等方面发展水平的主要指标。

5.家国情怀

家国情怀是学习和研究历史应具有的社会责任与人文追求。一般来说,家国情怀是指个人对自己国家持有的高度认同感和归属感、责任感和使命感,是对实现国家富强、人民幸福所展现出来的持久的理想追求。要充满人文情怀并关注现实问题,以服务于国家强盛、民族自强和人类社会的进步为使命。

家国情怀随着历史的演变而呈现不同的内涵与特征。古代汉语的"家"即"居也","国"为"邦也"。关于家与国的关系,自古以来,仁人志士、黎民百姓多有发自内心的情感表达。纵观历史,家国情怀具有从小到大的张力,是自家而国的情感表达与人生理想,又渗透着儒家思想、宗族伦理、个人修身等教义。可见,作为思想观念的家国情怀是在历史长河中积淀而成的,是中国传统文化的重要内涵。可以说,家国情怀也是近代中国特殊社会历史和现实累积的产物,它将个人、家庭、国家联系在一起,同呼吸,共命运。随着时代的发展和社会的变迁,当代的家国情怀应该是作为个体的人在中国优秀传统文化影响下,对价值共同体持有的高度认同,并促使认知共同体朝着积极、正面、良性的方向发展的一种思想和理念。正所谓"必须要有家国情怀的人,探索中国体制的变革、探索经济的发展、探索文化的进步,这就是我们一代人的使命"。

家国情怀发展至今,又植入了现代基因和国际视野,其具体内容包括以下几点。

亲情仁爱。现代社会的亲情仁爱提炼于优秀传统,超越教条陋习,将传统与现代相融合,以利于健全人格、树立积极的人生态度。脚下有故乡,眼里有亲人,身边有他人。现代社会的家国情怀的实践之路,始于亲情仁爱。

民族精神。民族精神是经过历史筛选而积淀的精华,经过代代相传,在世界观、道德观、价值观上具有超越时代的稳定性。现代社会的家国情怀由民族精神而萌发,又是对民族主义的超越。

爱国主义。一般而言,中国的国家认同,还包含文化认同和源于悠久传统历史文化的身份认同。可以说,家国情怀是对爱国主义内涵的丰富和超越,是文化认同、民族认同、国家认同的根基,起到增强民族凝聚力的作用。

理念认同。理念认同是指理解和认同构建中国近代史体系的学理基石,理解和认同中国革命和社会主义道路的必然性和合理性。在此基础上认同并自觉实践社会主义核心价值观。

公民意识。家国情怀在中国现代化的历程中,被赋予了树立公民意识的重要价值。责任、担当在现代社会的家国情怀理念中就是公民意识。

融通视野。家国情怀中的融通视野是指具有全球意识和开放心态,了解人类文明进程和世界发展大势,尊重世界文明多样性和差异性,关注人类面临的全球性挑战,理解人类命运共同体的内涵与价值等。

将家国情怀列入历史学科核心素养,是由历史学科的人文特质决定的。唐代诗人王维有诗云:"君自故乡来,应知故乡事。""故乡事""故乡的回忆或记忆"就是历史。故乡有小有大,可以是个体的家乡所在,也可以是族群或民族的祖国所在。从个体的角度而言,要知道自己是谁,自己的家乡故土在哪里。学习历史,就是为了知道我来自何方,何处是我的故乡。从国家的角度而言,要知道维系民族和国家的文化精神是什么,如何形成今天的民族和国家的状貌,未来将走向何方。学习历史,就是为了了解彼此认同的基础,寻找凝聚成为命运共同体的文化心理密码,这就是历史的意义所在。

将家国情怀列入历史学科核心素养,是由历史学科的育人价值决定的。对促进高中生成长而言,学生通过学习历史,能够以正确的历史观认识中国的国情,形成对祖国的认同感和正确的国家观;能够认识中华民族多元一体的历史发展趋势,形成对中华民族的认同感和正确的民族观,具有民族自信心和自豪感;了解并认同中华优秀传统文化、社会主义先进文化,认识中华文明的历史价值和现实意义;了解世界历史发展的多样性,理解和尊重世界各国、各民族的文化传统,具有广阔的国际视野,树立正确的文化观;认同社会主义核心价值观,树立中国特色社会主义道路自信、理论自信、制度自信、文化自信;能够确立积极进取的人生态度,塑造健全的人格,树立正确的世界观、人生观和价值观。这些都与家国情怀的具体指向相吻合。所以,家国情怀体现了学习、研究历史的最终价值,是历史学科"立德树人"的育人价值的集中体现。将家国情怀列入历史学科核心素养,体现出对历史课程发挥培育和涵养正确价值观的功能的高度重视和深切期望。

二、历史学科核心素养的逻辑关系

历史学科五项核心素养之间具有引领、递进、渗透、支撑等密切联系,五项核心素养是一个相辅相成的、互为关联的整体。

(一)唯物史观是灵魂

唯物史观是学习和研究历史的世界观和方法论。人类对历史的认识经历了一个由表及里、从感性到理性的过程,要透过纷繁复杂的历史表象认识历史的本质,科学的历史观和方法论尤为重要。唯物史观科学地揭示了人类社会历史的发展规律,为我们正确认识历史奠定了理论基础。运用唯物史观的基本立场、观点和方法学习和研究历史,有利于较为全面、辩证、客观、公允地认识历史。由此,唯物史观是历史学科核心素养体系之灵魂。

(二)时空观念是基础

将时空观念置于史料实证、历史解释和家国情怀之前,是基于时空观念诸素养学科本质的体现,是历史学科有别于其他学科的重要特征。将历史事件、历史人物、历史现象置于特定的、具体的时空框架下进行考察，是理解历史和解释历史的基本思维方式。同时，时空意识既是感悟唯物史观基本原理的基础坐标，又助力于史料实证和历史解释，且家国情怀的积淀和内涵也镌刻着时空印记。由此，时空观念是历史学科核心素养体系之基础。

（三）史料实证是载体和方法

史料实证是历史学科诸素养得以达成的关键能力和基本方法。史料实证是透过历史表象认同唯物史观、把握历史规律的基本途径，为基于时空观念总结历史发展阶段性特征和区域性特征提供史事支撑，又为历史解释提供可靠证据，还为培育具有家国情怀的社会责任感和人文追求提供丰富养料。由此，史料实证是培养历史学科核心素养之有效载体和基本方法。

（四）历史解释是关键能力

历史解释是历史学科诸素养中对历史思维能力与表达能力的要求，是学生形成正确的历史见识的基本能力要求和主要指标。借助时空意识，明确史事的时空定位；经过史料实证，获得确实可靠的史实；阐明史事的因果关系，形成对历史的看法。故而，历史解释是唯物史观、时空意识和史料实证的外在呈现，是涵养家国情怀、滋润学生心灵的价值体现。历史解释能帮助学生重现心灵世界，回答历史问题，理解历史与现实的关系，探索历史的意义。由此，历史解释是培养历史学科核心素养之关键。

（五）家国情怀是归宿

家国情怀体现了历史学科诸素养中的基本价值观，体现学习和研究历史应形成的思维品质以及情感、态度与价值观，体现历史学科的育人目标。家国情怀在历史学科核心素养体系中居于历史课程根本归宿的地位。

总而言之，历史课程旨在通过这些素养的培育，达到"立德树人"的目标。

三、历史学科核心素养的基本特征

通过阐释历史学科核心素养的概念、内涵,分析其学理及教育理论依据,可以发现历史学科核心素养具有以下基本特征。

(一)求真

求真是历史学习的第一要义。历史为何要求真?原因有二。

首先,"广历史"是指已经发生了的过去的事情,从历史哲学的视角看,历史又是基于证据和视角的解释。只要有新材料、新视角,历史就会有不同于以往的新解释。因此,可以这么认为,历史学的灵魂并非"真实"而是"求"真,即经过探究,无限接近历史的真实。也就是说,时间的一维性决定了客观意义上的历史仅在发生的那一刻是真实的。基于此,历史学的任务是发现埋藏于过去的真实,历史学的本质在于探究,历史学最珍贵的品质是质疑。正如英国哲学家、史学家罗素所说:"历史使人意识到:人类事务中没有定论,不存在静态的完美和将被我们得到的最高的智慧。"历史知识既然是探究来的结果,就并非恒定不变的、不容置疑的真理,而是开放的、可供讨论的,并不断更新和延展的领域。因此,求真是历史永恒的主题。

其次,历史学的求真也区别于自然科学、哲学和文学等人文社会科学的"求真"。自然科学的"真"可以存在、可以呈现、可以复制,但历史的"真"只可求而不可得。哲学的本质也是"求",即寻求自然和人类社会发展的普遍规律,提出经得起审视的假设,但史学的本质是基于史料探究过去的真实。因此,哲学认为未来像过去一样不可捉摸,而史学认为过去如同未来一样不可捉摸;文学可以虚构故事,史学只能发现故事。通过学科比较可知历史学的求真特质,进而理解"只有具备求真意识,历史学才可能诞生,并且只有保持求真意识,历史学才能真正继续下去"的内涵。

如何"求真"?可从以下三个维度来探索。

其一,基于唯物史观的求真。唯物史观是揭示人类社会历史客观基础及发展规律的科学历史观,是历史学用以"求真"的重要理论。恩格斯曾经说过："原因和结果这两个概念,只有应用于个别场合时才适用;可是,只要我们把这种个别的场合放到它同宇宙的总联系中来考察,这两个概念就联结起来,消失在关于普遍相互作用的观念中,而在这种相互作用中,原因和结果经常交换位置;在此时或此地是结果,在彼时或彼地就成了原因。"恩格斯所言一定程度上阐释了他对于唯物史观在历史学习和研究过程中的方法论作用的看法,即唯物史观并非就事论事地探讨历史事件之间的因果关系,而是要将这个联系放在"同宇宙的总联系中考察"。

这个宇宙是相对的,可以是具体的社会、政治或经济制度(结构),也可以是长时段的"社会经济形态"或是宏观的历史背景。唯物史观还大量运用了经济学规律来分析历史问题、解释历史现象,但也不否认有其他因素影响着历史的发展,马克思本人就认为"经济规律"的"必然性"并非绝对的,如果不考虑具体历史条件的必然性,其解说充其量只能算西欧模式的"历史概述"。不问特定历史环境而构想一种放之四海而皆准的"超历史的"历史哲学理论是马克思断然反对的。可见,正确运用唯物史观,遵循历史运动的辩证规律,是历史求真的体现。

其二,基于时空观念的求真。在特定的时空架构中理解唯物史观,或培养实证精神,或形成历史解释的正确态度、能力和方法,或培育家国情怀,要置于特定的中华传统文化背景、世界文明背景中体悟家国情怀的历史渊源和流变,认同其丰富、多元的人文特质,进而与时俱进地理解家国情怀与多样化世界发展之间相融相合的关系。

其三,基于史料实证和历史解释的求真。以史料实证为基础的求真注重考证的方法,即运用史学在其发展过程中形成的研究方法,借助考古学、人类学等学科成果和方法对文字史料、实物史料、口碑史料等各类史料进行考证和推测,力求发现真实的历史。相较而言,历史解释层面的求真要复杂得多。因为历史是过去发生的事情,今人要对历史有正确的认知,需要从历史的、多维的视角尽可能客观、全面、辩证地理解史事、描述过程、理性评判,从而不断接近历史的真实。这样的历史解释,其严谨性类似于自然科学范畴的学科研究和论证。

综上,"求真"是源自本体的认识,是历史学习的出发点,是历史学科核心素养的关键特征。同时,"求真"也是实现历史学科育人价值的基石。

(二)求实

求实是历史学习的基本要求。历史为何要求实?一句话,求实是求真的基石。

一般而言,在史学认知的思维进程中,有三个相互关联且递进交叉的概念:史事、史实、史是。史学研究首先要构建的是史事。史事是一定客观内容的反映,以具体的、特殊的、纷杂的、偶然的形态表现。可见,从廓清史事的角度而言,需要"求实"。史实则是历史发展的客观本质,展示历史发展进程诸多要素之间的相互作用和相互关系。史实出自史事,通过辨伪、考证、诠释等思维方法和学术技巧,力求描述历史客观发展轨迹,得出概念性的认识。史是指历史发展的客观规律,高屋建瓴地反映人类社会历史的发展趋势和规律,体现多样性与综合性的统一、普遍性与特殊性的统一、必然性和偶然性的统一。史事、史实、史是三者虽是层递关系但并非泾渭分明,三者之间存在着交叉关系。对于史是的认识,要通过分析史事、确定史实而达成,要经过科学的、理性的思辨而获得,此过程就是实事求是地认识历史的过程。

如何"求实"?可从以下五个角度来实践。

1. 从运用唯物史观的角度来实践

唯物史观既是世界观,也是方法论。这是因为唯物史观坚持从实际出发、实事求是,反对脱离具体条件来认知历史,强调主观认知和客观历史的统一。可见,唯物史观的本真就在于以联系与发展的基本观点辩证地认识历史,这是基本的史学方法。

2. 从树立历史时空观念的角度来实践

要遵循历史发展(纵向发展与横向发展)的逻辑,了解历史事件、历史人物和历史现象发生和存在的时间和空间,进而探究历史事件、历史人物与历史现象之间的联系、发展和变化。可见,历史时空是建构历史场域和创设历史情境以"求实"的基本条件。

3. 从育成史料实证精神的角度来实践

实证的"实"可从三个方面来操作：一是选择史料。要了解史料的类型，掌握收集史料的途径与方法；要注重基本材料书籍（正史）的价值。二是发掘史料的证史价值。要通过辨析史料和认知史料作者的意图，判断史料的真伪；要从史料中提取有效信息，作为建构历史的可靠证据，进而习得实证的方法；要处理好高价值的概括叙述性证据与低价值的例证性证据之间的关系，甄别史料证据在时间性与空间性上的差异与变化；要区别史料反映的普遍现象与特殊现象，"不能只留意有利于自己意见的史料，更须注意与自己意见相左的证据"。三是依据史料作结论。四是以实证精神处理历史与现实问题，这些可资借鉴的方法就是史料实证之"实"的体现。

4. 从运用历史解释的角度来实践

历史解释无论是史料解释还是史事解释，都是历史认识论的体现，其认识的行为和内容是多元的，包括区分事实陈述与主观认知、诠释相异认知的原因、评价解释、表达看法、叙述历史、解释逻辑、建立历史与现实之间的关联等。同时，历史解释的认知过程既可以反映历史学习和研究者的方法和能力，也可以体现其情感、态度和价值观。因此，历史解释必须遵循"全面、客观、理性、辩证、发展"的基本原则，如此，历史解释也就落到了"实"处。

5. 从建设课程体系的角度来实践

历史学科核心素养的求实，还应体现于将学科核心素养融入课程建设，导航教学实践。历史课程要将培养和提升学生的学科核心素养作为目标，使学生通过历史学习逐步形成具有历史学科特征的正确价值观、必备品格和关键能力。高中历史课程结构的设计、课程内容的选择、课程的实施、课程的评价标准等，都要一以贯之地将培育学科核心素养作为宗旨，从创设课程主题、开发教学资源、组织学习活动、优化教学方法、完善评价方式等方面入手，着力提升教学的针对性和实效性。当然，这样的"求实"过程是一个不懈探索、不断创新的过程。

（三）求思

思维是历史学习的基本能力。历史为何要求思？在目的上,史学是为了认识人类社会发展的现象和本质,理解历史"是什么"和"为什么"等问题。在对象上,史学主要是以已经过去了的人类活动作为认识的客体。在方式上,史学主要是依据史料,并透过史料对历史的本质进行认识。在特征上,史学要从全面的和辩证的、发展的和联系的、具体的和抽象的视角来考察人类社会的问题。在运用上,史学要求我们既要认识过往的历史,也要作用于现实社会。所有这些都离不开历史的思维活动。

如何求思？可以从以下四个方面有所作为。

1. 在思维的原则上

历史思维应当从史实出发,依照具体问题具体分析的唯物辩证法,以科学的世界观和方法论分析、解释历史,发现规律,进行价值判断。这是历史思维活动的基础。

2. 从思维的时空上

时空的思维是展开历史学习、进行历史推理的基础能力。只有建立一个对历史年代——过去、现在和未来的清晰认识,才能有条理地认识历史现象、解决历史问题。只有建立一个空间格局,才能基于地缘了解历史从分散到整体的发展过程。可以说,时空的思维能力为其他历史思维能力的培养提供了基础框架。

3. 从思维的发展上

历史研究的能力基于史料实证,它能够直接促进历史思维的发展。只有接触大量的史料,面对多元化的信息和不同的见解,才能进行有价值的可行性研究。同时,在研究史料的基础上运用反思的方法查证史料的真实性、可靠性,检验思维逻辑的合理性,辨别结论判断的准确性,对有问题的历史叙述、解释、评价提出质疑或反驳,沟通史料与证据、史料与史实、史料与史论间的内在关联,有助于确立"史由证来,证史一致,史论结合,论从史出"的历史思维意识。

4.从思维的品质上

历史解释是提升历史思维品质的重要途径。从政治、经济、文化、社会地位、思想认识的视角,解释和评价历史人物的作用和影响;从自然环境、经济状况、政治形态、文化传统、社会生活、时代特征的视角,有重点地解释与评价历史事件的联系、特征、作用与影响;从基本特征、主要贡献、创新意义的视角,由表及里、由此及彼地解释与评价优秀文明成果的主要特点与贡献、作用与影响;以时间与空间、相同与不同、联系与区别、量变与质变、背景与条件、原因与结果、动机与效果的概念和范畴,分析、综合、比较和归纳基本史实和相关问题,养成思考的能力和智力的独立性,学会创设历史情境和在情境中开拓新维度、表达新观点,进而成为具有批判意识、善于分析的思考者。

思想是开启智慧之门的钥匙。历史学科核心素养以提高思维品质与解决问题的能力为基本目标。历史思维是架设在历史基础知识与历史教育终极目标之间的桥梁,而要培养合格公民所必需的健全人格、责任担当、世界意识、国际视野和家国情怀等,应该注重培养言必有据、理性思辨、多元视角和宽广包容的思维。

(四)求本

"求本",即高中历史教育要以学生为本。历史教育为何要"求本"?可以从以下几个方面来分析。

1.这是由历史学科本质观所决定的

学科本质观是指在哲学层面上对学科根本性质和核心特征的认识。历史学究其本质而言,是在一定的历史观指导下对人类历史的建构和阐释。历史学是人文社会科学中的基础学科,与人文社会科学以及自然科学的发展有着密切的联系。历史学是人类文化的重要组成部分,在传承人类文明遗产、提高社会公民素养等方面起着重要作用。从历史中汲取经验教训,鉴往知来,顺应历史发展的趋势,是历史学所承载的社会功能的体现。

2.这是由历史学科教育观所决定的

学科教育观就是在以学生为本的原则下,以学科本质为基础,理解本学科的共同和独特育人价值。高中历史课程通过呈现重大历史事件、历史人物和历史现象,展现人类历史演变的基本过程和丰富的历史文化遗产,反映人类社会的发展趋势。由此,学生通过历史课程的学习,拓展历史视野,培养历史意识,发展历史思维,提高历史素养;增强历史使命感,深化对伟大祖国的认同;增强世界意识,拓宽国际视野。在此基础上,促进学生树立正确的世界观、人生观、价值观和历史观,这就是高中历史教育的育人价值,它回答了在当前中国政治、经济、社会状况和发展趋势下,在"立德树人"的教育根本要旨下,"培养什么人、怎么培养人"的问题。所以,"求本"是历史教育的终极目标。

如何"求本"?可以从以下几个环节着力。

1.融学科核心素养于课程目标中

以中国学生发展核心素养为参照,界定历史学科核心素养的育人价值,构建一个以核心素养为主轴的、与基础教育阶段学生身心发展水平相契合的课程目标体系和学科育人机制,真正立足学生人格的发展,充分发挥历史学科"育人为本、素养为纲"的教化功能。

2.转变学习方式和教学模式

教师要以学科核心素养为出发点,把准唯物史观、时空观念、史料实证、历史解释和家国情怀的育人特征,发挥教学智慧,通过创设学习情境,转变学生的学习行为使其在亲身参与中移情体验、推理想象、独立思考或交流合作;通过提出多元视角的问题,引导学生在多条路径中分析、解决问题,逐渐形成主动探究的学习模式,进而提升历史思维品质,育成学科核心素养。

3.构建新型的学业质量标准

所谓新型的学业质量标准,是指基础教育阶段的学生在完成各阶段学习时,应该具备的各种核心素养,以及素养须达到的具体水平的明确界定和描述。构建新型的学业质量标准,可以清晰地了解不同层次学生的素养表现,并据此设计教学方案、调整教学策略、选择课程资源,这也是为学科教学法的实践与变革提供理论依据。同时,新型的学业质量标准作为课程标准的重要组成部分,也为过程性学业评价和学业水平考试命题提供了理论依据。

4. 完善学业评价体系

学科核心素养明确了学科教学应遵循的价值取向,为此,必须完善基于核心素养的评价体系:一是将学科核心素养的考查融入学业水平考试命题,以此指导考查目标的表述和评价量规的制定。二是将学生的心理活动融入学业水平考试命题,以此观察学生的历史理解与历史解释能力,检验其素养的达成度。三是建立学科核心素养与评价标准的有机联系,即学科核心素养与课程目标之间的关联,学科核心素养与评价目标之间的关联,学科核心素养达成度与评价量规之间的关联,学科核心素养与作业等常态学业质量标准之间的关联。

高中历史教学模式

第一节　教学模式概述

一、教学模式的概念

我国对教学模式的定义可以分为三个范围。第一种观点认为,模式属于方法,有很多人认为模式就是教学方法,还有一部分人认为模式是多种方法的综合。第二种观点认为,教学模式与教学方法既有区别,也有联系,各种方法在具体的时间、地点和条件下表现为不同的空间结构和时间序列所形成的不同模式。第三种观点认为,模式与"教学结构—功能"紧密相关,教学模式是人们在教学思想的指导下,对于客观的教学实践所做出的主观选择。现在,我国对教学模式的定义大致可以分为以下几种。

第一种,教学模式是方法的一部分。

第二种,不同的教学模式和方法之间存在明显的差异和联系。在特定的时间、地点和环境下,这些教学方法可以呈现出各种不同的空间布局和时间序列,从而构建出各种独特的教学模式。

第三个观点是,教学模式与"教学结构—功能"有着密切的联系。

第四种,教学模式是在特定的教学理念指导下构建的,其目的是实现教学目标,因此形成了一套相对稳定的教学流程和教学方法的策略框架。

第五种,教学模式是一种在教学实践中逐渐形成的、以设计和组织为核心的教学理念,并以更为简洁的方式呈现。

二、教学模式概念的分类说

大体上,我们可以将其归纳为几种不同的观点。

(一)过程说

过程说把教学模式融入教学流程中,视教学模式为教学活动中的多种不同形式,可以看作一套教学的"战略框架"和"教学模式"。在"过程说"这一理论中,有一个非常经典的观点:"教学过程的模式,通常简称为教学模式,是教学论中的一个特定科学概念。它指的是在特定的教学思想指导下,为了实现既定的教学目标和内容,对构成教学的各个要素设计的相对稳定的简化组合方式和活动程序。"

(二)结构说

结构说认为,教学模式属于教学结构。结构是指事物各要素之间的组织规律和形式,教学结构主要是教师、学生、教材之间的组合关系。《教育大词典》中给教学模式下的定义是:"反映特定教学理论逻辑轮廓的,为保持某种教学任务的相对稳定而具体的教学活动结构。"在特定的教学观念或理论框架下,形成的各种教学活动的核心结构,这些结构以简洁的方式稳定地展现出来。"从更狭窄的角度看,教学结构是指在教学过程中的各个阶段、历史教学模式的各个环节、步骤等各要素之间的组合关系。在结构说中,有一种普遍的观点是:将"模式"这个词融入教学理论中,目的是为了解释在特定的教学思想或理论指导下,各种不同类型的教学活动是如何形成其基础结构或框架的。

(三)策略说

从策略的角度看,教学模式被视为实施教学的关键策略。在《教学的原理、模式和活动》这本书中,"教学模式"这一术语被明确定义为:"一个基于教学思维和规律而构建的,在教学活动中必须严格遵循的、相对稳定的教学流程和方法的策略框架,这包括了教学过程中各个要素的组合模式、教学流程以及它们所产生的影响策略。"尽管这种观点强调了教学模式的流程性和稳健性,但它忽略了教学模式的简洁性和结构性特点,未能真正展现教学模式的核心价值。

(四)理论说

从理论角度看,教学模式被视为一种更为简洁的教育理念。教学模式实际上是一种在实际教学过程中逐渐形成的,用于设计和组织教学活动的理论体系,该体系通常以简洁明了的方式进行阐述。

(五)方式说

方式说认为,教学模式是在教学实践中基于教学形式和方法的系统结合而产生的一种综合性的形式。所谓教学模式,是指在一定的教育思想指导下和丰富的教学经验基础上,为完成特定的教学目标和内容而围绕某一主题形成的稳定且简明的教学结构理论框架及其具体可操作的实践活动的方式。

(六)程序说

程序说认为,教学模式是"教学的程序或阶段",虽然看到了教学模式的程序化,但是没有揭示其本质。

(七)表达说

表达说认为,教学模式是人们为了特定的认识目的对教学活动的结构所做的类比的、简略的、假定的表达。

(八)动态说

动态说认为,教学模式是教师根据教学目的和教学任务,在不同的教学阶段,协调应用各种教学方法过程中形成的动态系统。

(九)选择说

选择说认为,教学模式是人们在一定的教学思想指导下,对教学客观结构做出主观的选择。

教学模式是在一定教学思想或教学理论指导下建立起来的,较为稳定的教学活动结构和活动程序。结构框架是指能够从宏观上把握教学活动整体以及各个要素之间的内部关系的功能,活动程序是为了突出教学模式的有序性和可行性。

第二节　问题探究式和小组合作教学模式

一、问题探究式教学模式

(一)问题探究式教学模式的内涵

问题探究式教学模式是以问题解决为中心的,让学生仿照科学家的探究性,在发现问题、分析问题与解决问题的过程中不断培养自身的创新能力。在这种模式下,学生的整个学习过程都是以任务与问题结合在一起的,学生会在真实的情境中带着问题来学习。这种教学模式以探究问题的解决办法为主要目的,以问题来维持学生的探究兴趣与学习动机。一般而言,问题探究式教学模式的程序结构为"提出问题—分析问题—创造性地解决问题"。在这个模式下,学生是在教师的指导下参与问题解决的历史教学模式认知过程的,在高中历史教学中,多以任务驱动的方式进行。问题探究式教学模式能够促使学生在"自知"中求知,在"合作"中获取,在"探究"中得以发展。

1.在"自知"中求知

自主学习是合作学习的前提与基础,它不仅是一种学习方法,更是一种学习状态。在教师的引导下,学生带着问题进行自学,这就需要教师在布置自学任务的时候考虑几个问题:指导学生设计自学提纲,时间要提前;教学设计要简单与具体,并且逐步扩展到抽象的、概括性的问题之中;要有充足的学习资料。要充分调动学生学习的兴趣与积极性;为学生介绍多种自学方法。

2.在"合作"中获取

小组合作讨论能够有效培养学生的合作学习的精神与意识,并可以为每一个学生提供展示自己的机会,使每个学生都有发表自身见解的机会。在合作学习中,整个探讨过程与结果都需要学生进行有效的合作与交流,学习成果也是以小组成绩展示的。在小组内,每一个学生除了要发表自己的见解以外,还必须要聆听他人的见解与观点。这可以使学生在合作中养成倾听的好习惯,能够促进学生之间的交流与沟通,使他们在互相帮助下解决学习历史的过程中所遇到的各种问题,共同进步。

3. 在"探究"中获得发展

学生的独立探索和创新能力是紧密相连的,只有在不断的探索和实践中,他们的个性才能得到充分的展现,而创新的精神也在这一过程中得到了培育和体现。因此,在实际教学活动中,教师必须重视培养学生的求异思维,以促进学生的探究精神和创新能力的持续发展和进步。在探索问题的过程中,教师必须激励学生从多个视角思考,并鼓励他们去寻找既合乎逻辑又有独特风格的答案,以培养学生科学探究的精神。

在探究学习的过程中,我们强调必须运用科学的观念、手段和态度来全面理解科研活动。更加关键的一点是,学生在学习过程中应该培养出科学的探究精神,并据此进行自我建设和判断,这样才能不断提升他们的应用技能,并激发和保持他们对探索新事物的兴趣。这一教学方法的核心步骤包括:构建问题场景并激发学生的学习热情;精心策划位于"最近发展区"的各种问题,以促进学生更好地学习和迁移;需要学生提出疑问并做出推测,然后基于这些预测进行深入的研究,以验证这些猜测的准确性;对教学成果进行即时的反馈和评估。

"探究"可以被视为一种不断探索的旅程,它的核心是对真实的追求和质疑。在教育领域里,探究主要涉及寻找和研究等方面。问题探究式教学模式是一种在教学活动中,教师和学生共同参与的教学方式,通过创造各种情境来激发和挖掘学生的不同疑问和思考,进而提出各种假设和问题。这种教学模式鼓励学生以个人或小组的方式在课堂上进行积极的探索和大胆的质疑。这一教学模式揭示了学生从认同思维向创造性思维的转变,这也意味着教师在教学过程中必须明确教学目标和意识,并通过逐层深化的方式提出一系列探索性问题,以引导学生逐渐理解历史的本质。这一教学方法更多地强调学生在发现和解决问题的过程中的开放性和实践性。在探究的过程中,学生能够全面地锻炼自己的逻辑思维和情感反应,从而掌握如何提出和解决问题,逐渐培养出质疑、探究、求知和乐学等多种优秀的学习品质,最终实现预定的教学目标。

(二)问题探究式教学模式的提问方式

问题探究式教学模式的重点就是提出问题,这直接关系着教学目标是否能够顺利实现,可以说,问题探究式教学模式的灵魂便在于提出问题,整个教学活动也是以"问题"为基础与线索的。在历史教学中,教师可以从多个方面提取问题,如与学生生活实际相关、感兴趣的话题,学生在课堂中生成的问题。

1.师—生设问方式

师—生设问方式是我国最普遍的教学模式,即"教师提问,学生回答"。这种方式有利于教师把握教学进度,更易于管理课堂,但是很少有教师能够在这种模式之下突出"以学生为主体"这个新理念。有很多教师为了响应新课改的教学理念,落实问题探究模式,花费了大量的心血来思考如何巧妙地创设问题,但是却忽视了学生提出问题的能力。长此以往学生将会习惯等待问题,并不擅长主动提出问题。

(1)递进式

历史知识具有一定的条理性、规律性,这些规律常常会隐藏在历史事件的背后,对此,教师应该从最浅层的历史表象出发,设计递进式的历史探究问题,逐步引发学生的好奇心与求知欲,促使学生"形成知之乐之好之的心理变化过程"。这种提问方式要求教师在课堂上以问题来引导学生,进行设问,便于教师把握整个课堂活动,但是从本质上说,学生依然是"被牵着鼻子走"。虽然学生能够根据教师的引导逐步加深思考的深度,但是他们的质疑能力与思考却受限于教师。在这种探究问题方式下,整个课堂的教学活动是以教师的思维为主的,整个问题都是在教师的逻辑框架之中进行的,欠缺培养学生的问题意识。一般而言,这种设问方式是以"问题一—情境创设—问题二—情境创设—问题三"的程序呈现的。

（2）拓展式

拓展式问题就是指以教材为主，设计与教学内容有关的问题，教师在设计问题的时候，要遵循探究问题的规律性，并且根据学生的认知水平重新整合历史教材，对其做出适当的变动。比如，教师可以将一个大问题分解成几个小问题进行教学，让学生在突破小问题的过程中完成对大问题的解答，最终形成统一结论。一般而言，这种设问方式主要是以"大问题—多个小问题"的方式呈现的。

（3）循环式

教学活动的执行过程主要可以被划分为几个关键步骤，包括问题情境的设定、假设的论证、问题的解决以及引用假设等。当教师恰当地运用这一方法时，学生在分析历史问题、提出疑问、进行客观验证等多个方面的能力都会得到显著的提高。这样的提问方法特别适合那些具有较高历史修养的学生，因为它要求将"史论"相结合，并可能需要学生进行跨学科的深入研究。

（4）总分总式

在充分了解了学情之后，在学生的探究欲望被进一步激发出来以后，教师可以利用不同的组织形式来满足学生的学习需要。在这种时候，教师便可以利用课堂中的生成性问题或学生根据自己的兴趣爱好自行提出的问题进行提问，然后再让学生收集资料、展开辩论等。这种形式下的问题多是开放性的，所以答案并不唯一，教师要以平等、民主的态度鼓励学生说出自己的观点，要维护学生的话语权。

2.生—师设问方式

"生—师设问方式"是指在学习的过程中，学生会对自己的疑惑和难点提出问题，然后教师会对这些问题给出有效的回答。在大多数情况下，这种提问方法相对简单，可以直接得到问题的答案，但它并不能有效地推动学生的探索活动，也不能很好地培养他们的思考能力。有观点认为，提问的核心不是以最迅速或最高效的方法找到正确的答案，而是激发一种学习活动。这种活动能够帮助学生构建更精确的答案,因为这些答案是在教师的引导下,通过个性化的探索和发现活动获得的。如果教师能够以灵活的方式解决这一问题,就有可能改变现有的教学不足。这就要求教师在学生提出问题时,不应直接给出答案,而是应该向学生展示解题的方法和思路,以便在解题思路的指导下,逐渐培养他们的自主学习能力。

3. 生一生设问方式

生一生设问方式是最有价值的提问方式,是指教师将提问的主动权交还给学生,让学生完全按照自身的思维与思路来质疑、解疑,这也是最高层次的提问方式。

问题探究法的关键因素就是问题,不管是哪种提问方式,都需要以问题为中心。因此,历史教师在教学中除了要思考如何设计巧妙的问题,还应该关注学生问题意识的培养与提升。问题意识是指学生在认知活动中意识到一些难以解决的实际问题和理论问题时所产生的一种怀疑、困惑、焦虑、探究的心理状态。问题意识是科学创新的原始动力,也是提高学生科学素养的基本出发点。历史是一门思考性的学科,没有思考的历史教学是没有意义的;历史学科也是一门学问,没有学问的历史是一种没有思考活动的教学行为;同时,历史也是一门方法学科,没有方法的历史教育是没有思想与学问的,也不适宜在学校中单独设置学科。因此,历史教师应该在实际教学中突出问题意识,教师也应该及时抓住课堂中的生成性问题来培养学生的问题意识,在课堂中利用各种问题来引导学生产生不同的看法。因为学生的生活环境、家庭背景、知识储备与经验经历等是不同的,所以他们对一个问题或多或少会产生不同的观点,在这种时候,教师一定要善于激发学生的创新思维与思考火花。但是,如果学生在历史课堂中遇到的问题过于繁多,教师不能一一解答,但也不能置之不理,那么应该将这些问题中没有探究价值的剔除掉,找到一些关键性的实质问题进行探究。"恰当筛选和处理学生的问题是操作关键,它规定了整个教学方式的有效实施。按学生提出的问题组织教学,绝不意味着放弃教师的主导地位和作用。"此外,教师应当激励学生基于真实的历史记录提出疑问,确保问题的重要性和严格性,否则学生基于自己的想象提出的问题是无法经受深入研究和仔细推敲的,教师应始终坚守这一理念。此外,学生在研究史料时需要提出疑问,这样他们才能识别和筛选出问题,并主动进行深入的研究和解释,这有助于培养学生的逻辑判断能力,并进一步提高他们的科学修养。

当教师面对预设和生成的问题时,有几个关键因素需要特别关注。

(1)在课堂的构建过程中,不能与教学目标完全分离

教学目标不仅是确定一节课的教学方向,还是评估一节课教学效果的直接依据。因此,教师需要围绕教学目标来评估生成性问题的有效性,以防止无效的生成性问题浪费宝贵的课堂教学时间,进而可能导致历史课堂教学活动无法按照预定的时间完成教学目标。

(2)课堂生成要尽可能兼顾所有学生

课堂生成一般是因为一个学生的突发奇想或偶然事件所展开的,因此,教师必须考虑这个问题是否具有普遍讨论的价值与意义,这样才能够判断出在全班范围内组织学生讨论这些问题的意义。

(3)在生成性课堂中需要增强教育的智慧

生成性的课堂教学需要历史教师具备化腐朽为神奇的能力。在教学过程中,学生与教师之间的思考和情感都会产生剧烈的冲突和启示,只有这样,我们才能不断地丰富课堂内容,使历史教学变得更加生动有趣。生成性历史课堂的整个教学过程都充满了智慧和欢乐,这无疑是一种非常精彩的历史教学方式。新的课程改革鼓励教师精心策划历史教学内容,但由于课堂内容是不断变化的,教师应当高度重视学生的中心角色,并鼓励提出创新性的问题。这对于教师在教学方面的智慧提出了更高的标准。教师在面对突发的课堂事件时,需要做出精准的评估,并迅速确定正确的应对策略。因此,在日常教学活动中,教师应高度重视与学生之间有效和频繁的沟通,并善于反思和总结自己的优点和不足。

(二)历史课堂中的问题探究模式

1.提出探究性问题

学生的历史知识储备不够充足,他们学习历史的时间也比较有限,所以要让他们提出一个具有探究价值的问题是比较难的。因此,教师可以在实施问题探究式教学模式之初,在课前设计一些具有探究价值的问题,让学生根据问题的指代进行历史探究。在设计问题的时候,教师要保证这个问题符合历史教学大纲与教材的要求,符合不同层次学生的学习需要,并且根据教材的重点和难点问题,设计出贴近学生生活实际、符合他们认知兴趣的问题。同时,教师要尽可能地保证问题符合时代的发展特征,能够反映社会热点问题,保证学生对这个问题的探究兴趣。同时,探究问题也要有利于启发学生的思维,有利于培养学生的历史思维能力、创新能力等综合能力。为此,教师要做好充分的课前准备活动,收集足够的历史资料,选择合适的探究主题,确定探究活动的形式,等等。

问题探究式的教学方法的核心思想是提出问题。为了确保探究活动的真正价值,学生需要对这些问题有深入的了解和丰富的知识储备。问题探究式的教学方法以学生为中心,而教师的角色主要是指导、引导和激发学生的思维。因此,解决问题时应从学生的历史背景和日常生活经验出发,这样可以鼓励学生在探索的过程中深入思考人类的历史,进而培育他们对历史的认知和其他基本能力。

2.探究与解决问题

采用问题探究式的教学方法可以帮助学生真正成为学习过程中的主导者。教师有能力通过明确的教学目标和策略来对学生产生积极的影响,从而让学生能够真实地进行学习活动。因此,教师可以把课堂探究活动划分为几个主要部分:问题展示、课堂互动讨论、知识点总结以及练习反馈。

在日常的课堂教学活动中,时间不仅是最重要的资源,也是最有价值的学习资料。教师在时间分配和管理方面的能力是他们教学观念和教学水平的直接体现。而采用问题探究式教学模式则要求学生拥有足够的探究和自学空间。只有这样,学生才能充分挖掘自己的智力潜能,并进行深入的讨论和研究。此外,教育工作者也应确保研究方法的多样性和灵活性,为每位学生提供足够的发言和交流机会,以展示他们的研究成果。面对一些相对简单的历史探究问题,教师可以鼓励学生独立解决,并仅在学生主动寻求帮助的情况下提供指导;面对一些具有挑战性的问题,教师可以选择师生之间的互动方式来进行深入探讨。教师需要为学生提供基于科学的研究方法和思路,帮助他们持续地寻找问题的解答。在这一教学过程中,教师需要遵循"精讲少讲"的教学原则,以学生为中心,激励他们敢于思考、敢于表达和敢于行动,以便最终能对问题进行准确的总结和归纳。最终,教师应鼓励学生运用他们所掌握的知识去分析和解决现实生活中的问题,以确保他们的学习成果和应用价值得到充分体现。

在设计探究问题的时候,教师要注意为学生营造出良好的学习环境,要体现学生的主体性,培养他们的创新精神,鼓励他们大胆质疑,并用尊重的态度来引导学生发表不同的见解。教师要想方设法地让学生在历史问题探究课堂中获得独特的体验,打破思维惯性,鼓励学生从全新的角度审视探究性问题,逐步激发出他们的探究性思维。现代心理学研究证明:轻松、客观、愉悦的情绪能够使学生产生超强的记忆力,能够活跃他们的思维,充分挖掘他们的内在潜能。因此,只有在民主、平等、和谐的学习环境中,学生才敢于放开自己的思路,积极与别人进行讨论与切磋。

另外,在历史课堂中的问题探究模式下,教师在评价学生学习活动的时候,也要重点关注学生的探究过程,一般要将关注点放在以下几个方面:设计的探究问题是否符合学生的最近发展区的水平;是否能够激发学生的学习兴趣;是否发挥了学生的主体作用;是否达成了预期的教学目标;学生是否能够利用所学知识解决实际问题等。

除此之外,学生的自主探究意识与能力也是保证问题探究模式能够真正得以落实的基本条件。学生的自主探究意识对于问题探究教学活动有着至关重要的影响。自学历史的能力包括自主探究意识与史料研读能力,这直接决定了学生在遇到困难的时候能否在教师的帮助下解决问题,

他们是否有着正确的解题思路,是否能够正确读懂历史资料等。

3. 延续探究性学习

由于时间所限,历史课堂上的问题探究活动并不能帮助学生总结所有知识点。因此,教师应该选择适当的内容留在课堂上进行探究,然后将探究活动延伸到课下,将课堂探究活动与课外实践活动有机地结合起来,以持续获得良好的教学效果。例如,教师有权让学生在课余时间收集历史信息、编写简短的学术论文以及进行实地调研。

4. 整合史料

历史的结论往往是基于对众多史料的深入分析和总结得出的。缺乏史料的历史研究活动就像是"无米之炊"。这就意味着教师在选择、应用、分析和解读史料时必须投入更多的精力,因为这直接关系到教学的效果。因此,在进行问题探究的过程中,教师和学生都应该利用各种历史资料来完成这一任务。

二、小组合作教学模式

(一)小组合作教学模式的内涵与现状

1. 小组合作教学模式的内涵

小组学习是一种广受欢迎的教育方式,在最近几年的应用实践中,人们用了各种不同的词汇来描述它,小组活动和小组学习是两个被广泛使用的专业术语。自 20 世纪 90 年代起,大多数与小组学习相关的研究被称为合作学习,这是一种由小组学生共同完成任务的结构化教学方法。在 20 世纪 90 年代,"合作学习"这一词汇被广泛应用于理科和工科领域中。后续,一些学者借鉴了马祖尔的研究成果,提出小组学习实际上是两名成员在小组内相互阐述各自的观点和答案,这种教学方法也被称为同伴教学和同学异修。尽管这些术语在命名上有所不同,但那些与小组合作密切相关且高度概括和明确的术语都被称为小组学习。

2. 小组合作教学模式的目标

小组合作教学模式的最终目的是提高学生自学的积极性,开发学生的智力及对学习的渴望,不断提高学生发现问题、思考问题、解决问题的能力,以此促进学生综合素质的提升。因此,小组合作教学模式能够有效帮助学生进行独立思考与主动探索,也能够让学生学会在探索中主动分享自己的观点,善于总结。

3.小组合作学习的意义

第一,采用小组合作的教学方法可以有效地提高学生的认知能力。小组合作的学习方式为各种能力层次的学生创造了有益的学习环境,同时也为学习困难的学生提供了平等的学习资源和机会。与此同时,学优生也会走出他们的"学习领地",主动去帮助他人,并在这个过程中促进自己的知识结构变得更加系统化和条理化。采用小组合作的教学方法也有助于提高学生的语言沟通技巧和逻辑推理能力。因此,这样的教学模式有助于在全体班级环境中营造一个"每个人都追求进步、发展和成功"的积极氛围。

第二,采用小组合作的教学方法可以有效地培育学生的团队合作精神。小组合作的教学方式打破了传统的学生分组模式,它将学生按照科学的方式划分为多个学习小组,而每个小组内部都有一个共同的学习目标。只有在小组合作的教学模式中,小组的成功才能被视为教学的成功。尽管学生的个人成长是至关重要的,但他们同样需要为小组活动的成功付出努力。这样的成功不仅会促使小组成员各自取得进步和提升,还会让他们共同体验到一种"生死与共"的感觉,这也是集体意识的初步形态。此外,当学生采用小组合作的教学方式时,为了不成为小组的拖累,他们会更加努力地学习。这种方式鼓励他们为了维护小组的荣誉而积极地投身于历史学习,从而显著提高了他们的学习效果。目前,众多教师采用小组成绩作为评估学生学习成果的标准,并在班级中挑选出表现出色的"优秀合作小组"。那些全力以赴的小组长也承担了小组长的监督和组织职责,这有助于学生在情感、态度和价值观上得到更好的培育。

第三,采用小组合作的教学方法可以促进新型师生关系的建立。在小组合作教学活动中,教师是学生学习的顾问与指导者,这对于促进师生之间的平等交流十分有益。在小组合作教学模式下,教师的教与学生的学有机地融合在了一起,为师生之间的互动与交流提供了新的形式,教师与学生之间能够真正实现平等交流。

第四,采用小组合作的教学方法有利于培养学生的竞争意识。一般来说,小组合作模式下的竞争有小组竞争、组内竞争、组间同等水平的学生竞争。对此,教师应该定期进行评价,保证评价的客观性与全面性,激发学生奋勇争先的积极性,增强学生努力上进的竞争意识。因为学生一直都有明确的竞争对象,有争、赶、超的明确意识,始终处于竞争状态,所以他们的学习状态一直都是比较积极的。

第五,采用小组合作的教学方法有利于落实因材施教,使每个学生都得到发展。在小组合作学习中,学生能够在知识、能力、态度等多方面进行沟通,因此,这种学习方式能够有效解决个体差异的问题,缩小两极分化的差距,真正落实因材施教。

(二)历史有效应用小组合作教学模式的策略

1.制定合理的合作学习目标

小组合作学习的目标设定是合作学习活动的核心方向,其设定的合理性也会对整体的教学效果和品质产生直接的影响。那么,教育工作者应当如何设定他们的学习目标呢?

2.创新学习方法

小组合作教学模式需要以更加科学的学习方法为依托,这就要求教师必须明确自身的作用与角色,向每个小组准确传达学习任务与学习目标,还要为小组提供科学的交流方法与合作方法,这对学生的小组合作学习质量与效率十分有益。同时,教师在表述学习目标的时候,一定要明确、具体,让学生准确了解学习方向。一般情况下,教师在课前需要明确的教学目标主要有两类:专业目标与社会目标。专业目标是指教师需要根据学生的学习能力、接受能力、教学任务与水平等多种因素设定学习目标;社会目标是为了培养学生的社会技巧所进行的教学活动,单就这方面就需要教师在课堂上对人际交流技巧进行适度的讲授。在创新学习方法的时候,教师要将学生进行合理的分组,坚持"组内异质,组间同质"的原则,将学习成绩、学习能力、交际能力、语言表达能力不同的学生分在同一个小组,以期在学生之间实现互帮互助的学习氛围。另外,在小组讨论与学习中,教师需要在课前进行精心的备课,并且要尽可能多用一些具有思辨性的问题与材料,发展学生的思维能力。

3.合理利用导学案

导学案代表了一种用学生的学案替代教案的学习方法,它真实地展现了学生的主体性,其核心理念是"学习",并被视为"以学生为中心的教育"。新的课程改革着重于培养学生成为学习过程中的中心角色,他们应当拥有主导学习的权利。高效的课堂教学更多地强调学生的学习过程,而教师仅仅是学习过程中的指导者和参与者。因此,在高效的课堂环境中,历史教学应以学案取代传统教案,并根据学生的具体需求来设计有针对性的教学方案,以确保历史课堂成为一个能有效解答学生疑问和解决问题的场所。

我们应该从课前、课中和课后三个维度来探讨其策略和方法。每位教师都应始终密切关注学生的学习进度,并根据学生的学习变化、他们的认知特质以及他们的吸收能力来确定历史学案的起始点。通过在课程开始之前对学生的起始点进行科学调查,我们能够更有效地设计导学案。如果想要在课前进行学情调查并确定教学的起始点,那么完全需要依赖教师的科学教学方法。教师有能力准确地识别现实的起始点和逻辑的起始点,进而设计出创新的教学策略。现实的起始点是学生在众多学习资源影响下所构建的既有知识结构;学生的逻辑起始点是他们基于教材设定的学习节奏,并在学习的旅程中不断地扩展自己的知识结构,从而建立起的知识基石。在教授历史课程的过程中,教师需要敏感地观察学生的学习状况,明确具体的教学方向,以便灵活地调整教学方法,准确掌握学生的学习状况。在课堂上,教师应进行观察,并在巡查过程中听取学生的观点,询问他们的学习进度,然后根据学生的学习进度进行教学,顺势而导。在每一堂课结束后,教师都需要对学生的学习情况进行深入的"反思",如果某一种教学方法未能奏效,那么教师就需要寻找其他可行的学习策略。"在教学过程中进行反思,通过反思推动教学",在这样的反复循环中,教师能够不断地提高自己的教学能力。

4.展开小组合作与竞争

合作学习是历史教学中最灵活的一种学习形式,只要有着共同的学习目标,生生、师生之间便可以展开有效的合作与交流。较为典型的合作形式有分组形式、自由组合辩论、对抗争论等。教师在实际的教学中可以使用积分制来激发学生的竞争意识,以良性竞争来促使学生的学习劲头更为旺盛。同时,教师也要鼓励学生在课堂中展开争辩活动。辩论不仅可以促进教学目标的达成,还可以唤起学生的主体意识,使他们的学习思维变得更加灵活。

5.科学分组

在进行科学分组时,我们必须遵守三大教学准则。首先是均衡原则。所有组员在学术表现、学习技巧、实际操作能力等多个方面都应达到相似的水平。其次,始终遵循自愿的原则。在进行学生分组的过程中,教师也需要充分考虑到学生的实际需求和意愿,不能简单地将不协调的学生划分到同一小组里。最后,始终遵循在适当的时机进行调整的策略。教师在教学过程中,应依据学生的实际需求来调整团队成员的职责分配和任务分配,这包括但不限于组长、组名、组规和学习目标等方面。通常,一个团队内的学生数量应保持在4~6人,如果某些合作学习活动不需要过多的成员,那么教师也可以适当地调整团队的人数。

6.建设小组

为了促进学生之间的高效合作和沟通,教育工作者需要通过组建小组团队来增强小组内部的团结和凝聚力。

(1)确定组名

在成立科学小组之后,要由组长带头,组员集思广益,根据小组的学习特点,确定一个富有个性、积极向上的组名。被每个小组成员认可并确定的组名可以让学生产生认同感与归属感,这样小组内部的凝聚力就会更强。

(2)确定教室座位

在安排小组合作学习活动中的教室座位时,教师要改变原来的"插秧式"排位法,而要采用"豆腐块"的排列方式。这种方式有以下几个优点:成员能够时时刻刻感受到团队的存在,能够大大增强集体凝聚力。可以让教师对各个小组的自学、合作交流等进行宏观调控。每个小组成员之间都可以亲密接触,有利于资源共享,并做到及时交流。小组内的每个成员能够随时随地观察其他组员的学习状态,这有利于实现小组内部互帮互助,共同进步,有利于各个小组展示自己的学习成果。

(3)合理分工

小组的科学组建、合理分工是高效学习的保障。一般情况下,小组成员根据自己的特点进行自愿分工,小组内部要统筹协调,让每个学生都能够为团队贡献自己的力量。每个小组可以设置一名组长、一名副组长,每个学科可以设置一个学科组长。组长负责管理学习,副组长负责管理常规,各个学科组长负责本学科的学习任务,如预习本、纠错本、导学案、发言代表。每个学生都要根据自己的学科强项,成为任课教师的得力助手和小组其他成员的学科学习"领袖"。

7.建立合理的合作评价机制

合理的评价机制是保证小组合作教学模式落到实处的重要因素。在合作学习中,教师要充分发挥每个学生的学习潜力,将共同目标与个人目标统一在一起,使学生自觉地为小组成员的进步做出努力,这些都需要合理的评价机制的推动。合理的评价机制是指将学习过程与学习结果评价结合在一起,将小组集体评价与学生个人评价结合在一起,使学生意识到合作学习的价值,也让他们开始重视合作学习。一般来说,小组合作中的评价机制包括下面几个方面:

第一,定期评价小组成员的共同学习情况,使学生随时了解本小组的学习进程。

第二,以学生的自学程度、合作学习的参与程度、完成任务的效率与质量等来评价小组的学习行为,使他们认识到一个小组就是一个利益共同体,只有完成了全组的任务,才能够真正实现合作学习。

第三,教师需要对自己的教学调控能力进行深刻的反思,并根据这些反思来调整教学内容和教学策略,以确保教学质量能够持续稳定地提升。同时,这也有助于学生在小组合作活动中重新获得学习自信,并培养他们的人际交往能力,从而充分发挥小组合作教学模式的教育优势。

第三节　信息传递和情境复现教学模式

一、信息传递教学模式

(一)信息传递教学模式的内涵

要想了解信息传递教学模式的内涵,首先就必须了解信息的含义。

1.信息的内涵

完整的信息论是人类在对通信的研究过程中逐步形成的一种理论。20世纪中叶,有学者首先提出了信息论,并且以概率论为工具,刻画了产生信息的数学模型,并给出了度量信息的数学公式。同时,他还进一步利用概率论描述了传输信息的过程,也给出了能够表达信息传输能力的容量公式。此外,他的信息论中还包括一组信息的编码定理,论证了传输信息的基本界限。但是,他的信息论主要放在了通信过程中的信息量度与传输之中,所以也被称为狭义的信息论。近些年来,信息论已经逐步渗透到许多科学领域之中,取得了比较大的成果,一般而言,可以将信息论分为以下三个范畴:

第一,狭义的信息论,也就是通信的数学理论。这种新理论将信息看作是通信的消息,认为信息是人们在通信中所要告知对方的内容。

第二,是关于实用信息的论述。这其实是狭义信息论在调制与解调、编码与译码、检测理论等多个领域的应用,尤其是在通信等领域中。在信息论的框架内,信息被视为处理和运算问题所必需的条件、内容和结果,这些通常以数字、数据、图表和曲线等多种方式呈现。

第三,是关于广泛的信息理论。在这样的信息观点中,信息被视为人类感知的根源,它具备一些核心属性:信息虽然来自物质,但并不是物质本体,如果人们所看到的信息与实际物体存在差异,那么这些信息是无法进行交易的;虽然信息与能力之间存在紧密的联系,但它们并不是能力的同义词。信息通常会随着时间的推移而不断地迁移、扩展和变化,因此信息是具有可扩充性的;信息不仅是知识的承载者,还能为观察者提供关于事物运动状况的相关知识;信息具有对人类或其他生物产生影响的能力,这些观察者能够感知、检测、识别、储存、传播、处理和应用这些信息,这也构成了信息的核心属性。另外,由于信息具有可加工、整理和归纳的特性,因此这些信息也显示出高度的紧凑性。如今,在处理信息的过程中,人们有能力将物质信息转化为语言、文字、图像、图表等形式,同时也可以转化为计算机代码、广播、电视等形式,因此,这些信息具有高度的可转换性。从广义信息论的角度来看,信息可以被定义为:"在适应和控制外部世界的过程中,人们与外部世界交换的内容的名字。"

2. 教学信息

教学活动本质上是由各种不同的信息元素构成的,每一种教学活动所传达的核心信息都被视为信息,换句话说,教学活动本身也是一个信息传递的过程。首先,教师能够观察到,在经历了某一特定的教学流程后,学生已经掌握了部分知识,而教师在传授这些知识给学生的过程中并没有失去这些知识,因此,教学内容是可以共享的。其次,在教学活动中,教师向学生传达了教学内容,从而增加了了解这些内容的人数,这是符合信息可扩充性特点的。此外,目前教师在教学过程中所采用的现代教学工具,例如电影、电视、录音和幻灯片,都证明了教学内容的可转换性,这与信息的本质是一致的。经过多种比较分析,我们可以确定教学内容本质上是信息,并且与广义信息论的核心特性相吻合。因此,采用信息传递的教学方式进行教学是完全切实可行的。

3.信息传递教学模式

信息传递教学模式是以教师的课堂讲授为主要特点的,认为学生应该在教师的组织与指导下产生认知活动。在这种模式下,学生要想促进认识的发展,就必须接收信息与掌握知识,由此构成了教学活动的主要形态。历史学科的教学内容需要教师首先进行组织,以便在教学中将这些教学信息传递给学生,让学生在教师的指导下进行有效的学习,从而掌握基本的历史知识与技能,提高他们的认知水平与道德水平等。因此,这种教学模式的主要目标是让学生掌握基本的知识、技能与技巧,提高他们的认识能力。信息传递教学模式可以将教学程序分成以下几个环节:①组织教学,激发动机;②复习旧课,导入新课;③讲授新课,呈现信息;④运用总结,巩固新课;⑤布置作业,检查评价。

在教学活动中,教师需确保充分的课前准备工作,并将课堂作为主要的教学场所,以教科书作为主要的教学依据,以教师的讲授作为主要的教学方法,最大限度地发挥教师的教学作用,从而提升学生接收信息的能力。然而,在当前的教学模式中,教师扮演着教学的核心角色,教师自身是影响教学成果的最关键因素,教师有责任组织学习内容,并通过授课、阅读和给学生分配任务等方式,使他们能够将所学知识整合在一起,从而传递信息……教师的主要任务是组织和传递即将学习的内容,而学习者的基本职责是掌握信息和观点。

(二)信息传递教学模式的一般模式

虽然教学内容属于信息,但是并不能直接引用信息论中的分析方法来研究教学中的信息传递,这主要是因为教学过程十分复杂,直接引用信息论中的分析方法并不能真正适应历史教学的需要。教学活动的实际形式十分繁杂,每门学科都有其自身独特的教学内容、教学方法、活动形式。但不管怎样,一切教学活动都需要教师与学生的共同参与,它是学生掌握知识与能力,形成情感、态度与价值观的过程。

从广义上说,教学就是指将多种信息传递给受教者,传递者希望与受教者产生交流与共鸣。教学活动是通过人来进行的,主要的承受者就是教师与学生。因此,要想了解信息传递模式的基本内容,就必须研究教师与学生的地位及作用。

这种教学信息的传递方式正是心理学理论中所描述的刺激与历史教学模式之间持续的反应循环。在这种模式下,教师和学生会根据对方的预期来确定下一轮的思考活动,并持续地修正、增强、补充以及解读对方信息的具体内容和含义。为了深入了解教学过程中的信息交流,我们首先需要掌握信息传递模式的详细结构。因此,明确信息传递教学模式的各个组成元素变得尤为关键。信息传递的教学模式主要由四个核心组成部分构成:教师作为信息的来源、教学内容作为信息的基础、教学工具和教学媒介作为信息的通道,以及学生作为信息的接收者。这四个元素在教育过程中各有其独特的角色和地位,但它们都是在同一整体中同时发生的。

第一,关于教师。教师是教学过程的起源,在信息传递教学模式下,教师起着主导作用,是保证教学活动能否按照规定的目的与内容来进行的基本条件。因此,教师必须在每一轮的教学中明确教学任务,精通自己的专业,熟读教材。同时,教师应该了解学生的学习需要,处理好教材、教学手段、学生之间的相互关系,并且要善于根据自己的特点来发挥自身的特长。教师的主要任务是将自己已经掌握的信息传递给学生,他们在知与不知的关系中处于主导地位。比如,在一次教学活动之中,必须有一个人以口头或书面的形式发起这项活动,他所传递的信息都是建立在他的经验与知识结构的基础上的,也就是通过教师的专业素养与教学水平来实现的。同时,教师在阐述与解释信息时心理状态、兴趣、需要、感情稳定度、社会文化标准、教学技巧等都会影响他所教授的信息的意义,也会影响信息传递的最终结果。

第二,关于信息。教学内容构成了教学活动的核心要素,因此,教师有责任精心挑选和组织合适的教学材料,并确保这些信息能够有效地传达给学生。从信息论的角度看,只有经过适当的转换,信息才能被更广泛的人群接纳。如果教师希望激发学生的学习兴趣,那么他必须确保教学信息在一个有序和结构化的环境中,并选择适当的教学内容,以便学生能够以更易于理解的方式来传达这些信息。接下来,教师需要借助多种教学工具,对这些教学信息进行重新加工和整理,然后将这些信息转化为文字、语言等多种形式,以便对其进行详细的讲解和教授。在教学活动的全程中,教师也会根据收到的教学反馈,在进一步明确需求的过程中调整这些信息的呈现方式。经过转换的信息应当是对教师和学生都具有相同含义的标志。因此,这样的转变显得尤为关键。

第三,关于教学手段。这是连接教师与学生的信息通道,是教师有效传递信息,学生有效接收信息,提高教学效率的基本保障,也是实现教学的工具。因此,教学手段是教育中的基本因素之一。在选择教学手段的时候,教师要考虑不同的教学内容所需要的教学手段,因为某些信息的形成是深受教学手段的影响的。比如,对于部分历史知识来说,如果教师只让学生阅读文字,那么学生会觉得这些信息十分枯燥且十分遥远。但是,如果教师可以利用视频的方式让学生学习,所得到的教学效果便会截然不同。因此,在实际的教学中,教师采用哪种手段就显得至关重要。另外,教师也要考虑哪种教学方式更能够促进学生领会这些知识。也就是说,在选择教学手段的时候,教师要考虑学生的知识水平与信息性质。

第四,关于学生。学生是信息的主要接收者和解释者,新的课程改革明确指出,学生应当是学习过程中的中心。只有当学生积极并主动地融入教学过程中,我们才能有效地转化信息。因此,学生应当拥有处理和理解信息的技能,他们应当能够结合所学的知识和自己的生活经历,通过教师对信息的多种解读,来重新解读和掌握这些信息。此外,教师必须认识到,为了有效地传达信息,确保信息能够按照教师最初的预期被获得是至关重要的。

在教学活动的全程中,教师有责任确保教学控制的最佳化,全面掌握教学过程中的反馈信息,以确保信息能够流畅地传递,从而使整个教学活动保持在一个动态的平衡状态,并以此来确保教学效果的最大化。此外,伴随着教育领域的持续进步和变革,现代的教育理念逐渐被视为教育科学的核心组成部分,并逐步转化为教育科学研究的核心方法论。因此,信息传递的教学方式将逐渐走向更加科学和系统的方向,人们对于教学流程的理解也将变得更为深入和精确。因此,每一位教师都应当持续对这一基础教学模式进行深入研究。

二、情境复现教学模式

(一)情境复现教学模式的内涵

情境复现教学模式指的是在教学中,教师根据具体的学科特点与学生的认知结构,利用多种教学手段创设具体、形象、生动、感人的情境,让学生在听觉、视觉、感觉等多个方面受到感染,使其产生如临其境、如见其人、如闻其声、如历其事的感受。在历史学科中使用情境复现教学模式,就可以在现实与历史之间架起一座桥梁,使学生以一个"历史人"的身份来亲身体验与经历,进而促使他们的认知、情感等得以升华。这种教学模式将学生的智力、知识、非智力因素结合在了一起,是一种相互促进与相互联系的全新教学理念。

历史知识有着既往性的特征,因为历史是人类过去的社会实践活动,人们只能间接认识,没有机会直接体验。这就体现了情境复现教学模式的重要性,因为学生在这种模式下可以直观感知与领悟历史知识,可以大大缩短历史与现实的时空距离,使得学生仿若置身于具体的历史情境之中,这也能够最大限度地激发学生学习历史的兴趣,使其更好地感知与理解历史中的人和事。

在教授历史课程时,当教师采用情境复现的教学方法,他们需要遵循以下四个核心要点:

首先,它与客观的历史事实相吻合,这是其基本前提。

其次,这有助于激发学生对与本节课程主题紧密相关的学习主题进行深入探究。换句话说,我们需要根据教学内容的核心主题来选择材料。

再次,这有助于学生更积极地参与到课堂教学中。新课程的核心思想是构建实际情境,激发学生的主动性、合作性和探究性学习。

最后,保持时间的紧凑性。

通常而言,情境复现教学模式的教学流程可以被划分为以下几个步骤:①设定教学目标,然后是教师和学生的准备工作;②为情境创设背景,并详细呈现;③深入到具体情境中,体验情感;④进行深入的分析和理解,共同进行探索;⑤进行归纳和评论,然后进行总结和转化。

(二)情境复现教学模式在历史课堂中的应用策略

1.情境复现的教学原则

要想真正落实情境复现教学模式,教师就必须明确这种教学模式所需遵循的基本原则。

(1)情境适应原则

历史情境复现教学模式就是运用多种教学媒体,将具体的历史事件还原给学生,让学生在对情境的把握中展开认知活动。但是,在复现情境的时候,教师必须保证这个情境与学生的知识背景、认知能力等相契合,并且需要将具体的历史概念巧妙地融合在情境之中,这就需要情境要具备适应性。主要可以从两个层面进行理解:情境符合一定的历史内容的需要;情境符合学生的认知水平。如此一来,学生才可能在情境的引导与带领下主动适应情境,他们的学习兴趣才能被激发出来,以此来使他们的智力思维处于最佳状态。因此,情境信息一定要适量,情境问题的难度要符合学生的"最近发展区"的要求,情境问题要符合学生的探究需要。除此之外,教师还应有目的、有步骤地引导学生进入具体的情境之中,使其主动展开积极的学习活动。

(2)情境激发原则

要成功地复现情境,关键是要巧妙地将学生的实际情境与他们的情感结合起来,这样可以充分地激发学生的情感,进而实现情感的转移。情感是一种与人的意识紧密相连的内在体验,它具有强烈的情境性、稳定性和长期性。这种情感特质表明,教师不能通过强制性的灌输法等方式来激发和培养学生,只能顺应学生的情感和认知特性,这就需要合理地使用具体的历史事实。情境复现的教学方法意味着教师通过构建生动的历史场景,让学生沉浸在历史的世界中,与历史上的特定人物共同思考和互动,确保他们的情感体验尽可能的和谐。因此,合适的学习环境可以为学生提供一个优质的学习氛围,从而不断地激发他们内在的潜能。此外,唤起学生对历史的深厚情感,并引导他们以正确的态度看待历史,也构成了历史教育中的一个核心目标。这类非智力相关的因素在学生的整体学习过程中以及在塑造健全人格方面具有极其关键的影响和价值。

(3)情理统一原则

情境复现教学模式的目的是激发情感与形成认知。因此,情境、情感、理智的统一是情境复现教学模式所追求的最终教学目的。情理统一的原则包括两个部分的内容:一是情境必须体现出一定的历史知识、概念与规律,保证历史事实能够在各种情境之中被学生认识,使其形成历史认知结构;二是教师通过利用情境要让学生进入特定的历史角色之中,使学生产生真实的情感,达到情感与认知的统一教学。

2.组织教学的技巧

情境复现教学模式十分看重学生的观察力、想象力与思维力,它是激发学生产生积极、丰富的情感因素的重要途径。在整个教学组织过程之中,教师应始终秉承着这个教学理念。

(1)复现情境

复现历史情境主要是以教学目标、教材许可程度与学生的已有条件为基础的,大致可以分为两个类型。第一种是实实在在的情境,这是通过教学媒体来创设的。教学媒体一般包括以下几个方面:①实物媒体,如照片、图画、文物;②光学媒体,如幻灯片、投影仪;③音响媒体,如广播、录音;④影视媒体,如电影、录像。第二种是虚拟的情境,如以角色扮演、戏剧表演、模拟等多种方法来创设的历史情境。不管是哪一种,都是为了反映历史事件的真实面貌。在具体的呈现方式与程序中,教师则需要根据学生的实际情况、具体的教学内容等进行实事求是的设计。

(2)观察想象

面对再现的历史事件,学生应在教师的引导下,有目标、多层面地进行观察和思考,并在他们的思维中重新融合新的知识和旧的知识,重塑历史事件的基本特征,以产生与历史人物相似的情感反应。经过多次的尝试和重复,教师有能力引导学生进行各种比较、分析、整合、评估和逻辑推断,帮助他们更好地理解历史的概念。

(3)激发情感

激发情感与观察是同步进行的。在情境复现教学模式下,学生是一个历史参与者,与历史人物一起思考。如果是成功的,学生便会喜悦;如果是失败的,他们便会愤恨,所以他们的情感能够很轻易地被激发出来。除此之外,教师还应利用情境发展学生的情感,引导学生主动探究。

(4)情能转化

在组织教学中,复现情景是基础,观察想象是方法,激发情感是动力,迁移情能是目标。情能转化是指将学生在学习中的情感体验转化为智能发展,要达到这种转化,最基本与最有效的方法便是应用。智能发展一般有三个层次:①掌握,是指学生理解知识;②活动,是指在新的情境学生可以利用所学知识,即学以致用;③创造,是指学生在新情境中利用所学知识具备一定的创新精神。

第四节 资料研习和社会考察教学模式

一、资料研习教学模式

(一)资料研习教学模式的内涵

资料研习教学模式主要是通过学生对历史资料的深入研究来实现的,其核心理念是视教学过程为学生直接参与知识发现的场所。这意味着只有当学生亲自参与、思考和表达时,他们才能有效地获取所需信息,掌握关键的技能和方法,并持续积累学习经验,从而全面提升他们的学习能力。

历史信息主要是通过文字和其他媒介来传播的。学生在学习历史信息时,主要依赖于对历史资料的整理、分析、判断和推理,而他们对历史的理解也是基于对历史资料的深入理解和应用。将这种教学方法应用于历史课堂的核心目标是教导学生如何妥善利用历史资料。在传统的历史教学模式中,资料研习教学可以被划分为几个主要的教学步骤:首先是确定教学主题,然后提出相关问题;提出一些假设,并进行材料的收集;对材料进行分析,并对其进行质疑和验证;形成结论,并进行进一步的总结和提升。

(二)资料研习教学模式在历史课堂中的应用

一般来说,在历史课堂中应用资料研习教学模式的基本策略主要包括以下几个方面:

第一,资料研习要围绕历史教学中的重要问题。

第二,要选择一些有代表性的、比较典型的历史资料。材料的内容可以相互冲突,但要保证数量的充足性。

第三,教师有能力引导学生进行阅读和分析,但在教学过程中应持有开放和民主的态度,并始终坚持以学生为中心的教学哲学。

第四,我们鼓励学生大胆地对所用材料提出疑问,并在此基础上进行综合对比和应用历史资料。

第五,尽管得出结论是至关重要的,但更加关键的是学生是否能够熟练掌握研究的各种方法和路径,以便他们能将这些材料视为解释历史事件的有力证据。

第六,教育者需要引导学生把学习材料与构建知识结构相结合。

在这些教学策略中,最基础的步骤便是收集、编辑历史材料,在实际的教学中,教师可以主动为学生提供资料,同时也可以让学生通过多种渠道进行自收集。在资料研习教学模式下师生之间是平等的,教师所发挥的作用是指导、促进,是为了帮助学生克服研习中的困难,而非代替学生的思考与探究活动。当前历史学科中的研究性学习基本采用的便是资料研习教学模式。

二、社会考察教学模式

(一)社会考察教学模式的内涵

社会考察是指人们有意识地对社会现象进行观察、分析和研究,从而更好地理解社会生活的本质和客观规律。自古以来,我国就采用社会考察的手段来深入研究历史。在汉代,司马迁为了撰写《史记》,广泛地访问了许多年长者的见闻。他的调查内容覆盖了古代的历史、地理、民族、风俗、遗址和遗物等多个方面。他对收集到的资料和文字史料进行了深入的比对和分析,以找出其中的不足之处。正是司马迁对这些内容的严谨研究态度,使得《史记》在文学上获得了崇高的地位。

社会考察是一种不可估量和令人注目的研究方法,近些年来,社会考察不仅被当作一种重要的搜集史料、研究历史的方法,也被当作一种新型的教学手段进行应用与研究。学生对历史事件细节学习的兴趣比对历史全貌的更为浓厚,很多学生认为以口述访问的方式来收集历史资料十分有意义,这比传统接受历史知识的学习方法更能带给他们满足感。

社会考察教学模式是结合校外的调查活动展开的历史教学,这个教学模式的基本理论贴近生活、贴近实际、贴近社会,倡导理实一体化,将书本知识与社会实际结合在一起,使学生能够在社会考察活动中获取有效的学习信息。社会考察教学模式的目的是让学生在考察中获取直接的学习材料,从而获得更加真实的历史感受。这种教学模式的形式十分多样,如参观、访问、考察、实地观测。一般来说,社会考察教学模式的程序包括下面几个方面:①确定主题,提出任务;②制定方案,明确分工;③选择场所,实地实施;④收集信息,加工整理;⑤形成成果,交流总结。

历史是由过去发生的事件留下的丰富信息组成的,但这些信息并不能通过历史教材完整地展现,绝大部分的资料实际上并不在历史教材中。因此,走出教室去学习历史变得尤为重要。在进行社会考察的过程中,学生可以通过多种方式来锻炼他们的能力,包括但不限于信息搜集和社会实践技能。从宏观角度看,社会考察的教学方法带来了以下几点正面影响:首先要明确的是,社会考察的教学方式已经改变了历史教学的传统模式,使得历史教学变得更为活跃、充满活力和内容丰富。再者,采用社会考察的教学方法不仅增强了历史的独特性,还使得已逝去的历史更为真实。这种方式使得学生在进行社会考察时能够获得更为深入和复杂的情感体验,并更容易将他们的个人经验与国家的重大事件相结合。最后,社会考察的教学方式也消除了课堂与社会的界限,实现了课堂教学与课外活动的有机结合,以及书本教学与实践教学的融合。这一模式本身也推动了教学的相互促进,成为提高学生历史素养的不可或缺的组成部分。

(二)历史社会考察教学模式中的内容

一般来说,我国历史课程中社会考察的内容主要包括家庭史、社区史、学校史、访问亲历者或者知情人、历史考察。

1. 家庭史

家庭是一个社会的缩影,在近些年来,家庭史成为史学中发展速度最快的一个内容。很多史学家可以根据一个地区的个人、家庭经历来推测出社会的基本结构与特征,从而在一定的历史背景下来揭示整个社会的行为方式、价值观念和社会关系。在历史教学中,教师也可以让学生搜集全家人的照片,采访自家人的生活经历、家庭的经历等,并且将这些口述资料转化成文字资料。这种方式下的历史学习活动能够使学生本身充满感情与亲切的体验,这不仅能够让学生了解家人过去的生活,还能够促进家人之间的表达和交流。

2. 社区史

在历史学中,社区史的研究已经被看作人们更加全面地认识社会的一种重要途径。在实际的历史教学中,教师可以组织学生访问某个社区,走访在这个社区中居住时间较为悠久的居民,探寻社区的文史古迹,进而更全面地了解社区变迁。社区史的考察活动还可以"使学生对社区、社会、种族及其相互关系的历史渊源和未来走向有历史性的认识,使学生感受社会和谐的重要性"。

另外,除了以本地的文史为主题让学生展开社区调查以外,教师还可以让学生对社区产业发展的资料展开调查。比如,教师可以组织学生调查城镇的一个主要街区,学生可以在调查的过程中发现一些富有研究价值的地区历史。再如,教师可以按照商业区的分布来划分小组,每一个小组都可以选择一种职业,然后再由学生分别联系特定的访问对象。访谈可以让学生了解近些年来本地区的经济发展史,也可以更好地了解接触社会,从一些成功人士身上学到在课本、课堂中无法学到的人生经验,这对于学生的成长与发展十分有利。另外,教师也可以组织学生对本社区的河川、老树、古建筑、老居民等进行调查或访问,了解这些事物背后所蕴含的历史意义,进而获得历史知识,感受历史氛围。学生在调查中,也会发现这些司空见惯的事物背后所蕴含的历史映像,这会激发出他们对本社区的热爱之情。

3.学校史

学校的历史实际上是过去历史的一个核心部分,对于学生而言,这是一段充满活力的经历和感受的历史。学校的历史记录了学校在其成长过程中所遭遇的各种情况,这包括了学校的成立日期、所处的地理位置、学校的环境、组织结构、教师、学生以及其独特的教学和管理方法等。在对学校史的调查研究中,任教时间较长的教师及校友都是调查研究的对象,也就是所谓的"资源人物"。另外,教师与学生也可以邀请这些"资源人物"到学校参观,利用校园中随处可见的历史轨迹来刺激"资源人物"做出更加详细与丰富的说明。同时,这种考察活动还可以刺激学生对学校产生好奇心。有些学校的历史比较悠久,在校门处可以看到校名和题字,教室或者其他建筑物落成的时候也会立碑。通过这些学校史迹,教师与"资源人物"便可以向学生介绍学校的建校历程。校史陈列室是最重要的学校史料来源,学校的改革、校园的老照片、知名校友介绍等都被列入其中,通过这些材料,学生可以了解学校的历史演变以及社会价值。

4.访问亲历者或知情人

所谓的访问亲历者或知情者,是指对参与相关历史事件的人、目睹者或其他知情人士进行的调查访问。这种方法在史学研究中具有极高的重要性,通常更适合用于近现代历史的深入探讨。人类的行为是如此复杂,即使是再丰富和详尽的资料和档案,也仅能捕捉到历史的一小部分。人们在日常生活中的各种经历和所见所闻,并不总是会被正式记录下来。此外,以往的研究文献更多地关注了统治阶层和社会精英的行为,而对普罗大众的记录则相对较少。通过访问历史上的亲历者或知情者,我们可以补充文献中的这一缺陷。因此,这种研究方法受到了大部分历史学家和研究人员的高度重视。

5.历史考察

历史考察主要是指考察历史遗迹、遗址、遗物,搜集故事传说、歌谣等。许多历史事件留下的实物和遗迹都能够为研究者提供有价值的直接材料与背景资料。比如,如果学生想要研究明清时期的徽商,就需要到皖南相关地区展开实地考察,了解徽商家乡的生活环境、家族家谱、家庭教育、住宅民居、风俗习惯等。但是,旅游、考古与历史考察不同。旅游基本上是一种文化休息,而历史考察是通过对保存下来的遗迹、遗址、遗物等进行观察与调查,进而认识历史,它属于学习、研究的范畴;考古是指对新发现的历史遗迹、遗址、遗物等进行科学发现与考察,历史考察则是指对历史事实材料的感知与收集。

在进行历史教学时,教师应为学生提供多样化的教学环境,使他们能够更多地接触到生动的历史教材和文化遗产,同时也需要根据当地的具体情况,最大限度地利用当地的教学资源。民间的历史民谣在很大程度上揭示了大众对于历史的认知和观点;它的表达方式相对简单易懂,不仅能让历史变得更为生动和形象,还能不断地激发学生对学习的热情。因此,在进行历史考察的过程中,教师需要特别关注并指导学生如何收集这批历史民谣。部分内容是由后代编造出来的,教师和学生需要对其进行仔细筛选。更具体地说,在评估历史民谣和传说的真实性时,教师和学生需要与当时的社会环境进行对比,以确定这些内容是否真实和合理。同时,他们还需要与相关的文献资料进行对比,结合当时的具体情况来判断这些内容的真实性。

(三)社会考察教学模式在历史课堂中的应用

1.调查前

(1)掌握背景资料

教师需要在考察前详细传授什么是社会考察、考察的一般方法等基本知识。如果确定了具体的考察对象,教师就需要帮助学生收集受访者的经历、社会背景等基本信息,这可以帮助学生更好地唤起受访者对某段历史的回忆。

(2)合理分工

在社会考察中,有一部分考察是学生通过个人努力就可以完成的,如调查家人、亲戚。但是,如果是一些复杂的考察活动,就需要学生进行分工合作,各自寻找彼此的合作伙伴,并且在作业中注明哪些作业是由哪个学生完成的。

(3)确定访谈内容

访谈并非天马行空地谈,而要充分掌握焦点与时间。在考察开始之前,教师与学生就应该明确考察主题,并据此提出问题,拟好考察提纲,对于考察的重点内容要做到心中有数。在分析问题的时候,要保证问题具有开放性,这是因为开放性的问题可以促使受访者产生交流的欲望,使其畅所欲言。

(4)邀请访问对象

学生并非专业的采访人士,因此,教师可以事先与访问对象进行沟通,让受访者了解访谈的目的与原因,然后再让学生亲自进行邀约。在必要的时候,教师可以亲自带领学生探访受访对象。在邀请受访者的时候,既可以让学生亲自拜访,也可以直接邀请受访者来学校。双方需要明确采访的时间、地点、主题,让受访者做好充足的被访准备。

(5)建立良好的互动关系

学生在进行社会考察的时候不仅要保证态度的恭敬,也要注意交往礼仪,使受访者感到亲切、自然、被尊重。同时,在访问的时候很可能会产生一些生成性问题,这是在谈话中产生的即兴问题,因为良好的互动会让受访者畅所欲言,而非有所保留。

(6)模拟演练

教师可以先给学生分组,有人扮演采访者,有人扮演受访者,提前进行演练,演练的学生便可以灵活地对访谈内容进行一定的增减,或者是调整发问顺序,只有如此,学生才能够在正式调查中灵活应对。

2.调查中

(1)引导谈话

在进行调查过程中,学生有机会根据预先设定的问题进行深入访谈,并指导受访者根据调查的主题进行关键发言。

(2)记录内容

通常情况下,进行访谈时必须确保"听到的都被记录下来",因此,录音设备在访谈过程中是不可或缺的。当学生在交谈中对某些专业术语或历史背景感到困惑时,他们应该邀请受访者进行详细的解释和记录,这样在未来的讨论和整理中可以更好地发挥其价值。在条件允许的情况下,学生在接受采访时可以携带照相机、摄影机等现代化的摄影工具,捕捉到受访者或其他具有历史意义的物品,从而实现声音、影像和文字的完美融合,让历史事件更为生动和具体。

3.调查后

(1)整理资料

在采访完毕之后,学生有责任立刻对收集到的资料进行整理和核实,之后再对这些资料进行适当的加工和整理,以便将其转化为书面资料。在资料整理过程中,教师最好邀请受访者进行阅读和校对,以确保这些资料的准确性。

(2)全班研讨

尽管采用调查和访谈等手段来收集信息是至关重要的,但更关键的是,通过这些历史资料,学生可以更好地理解与历史有关的各种观念和思考方式,这也包括对历史资料的鉴别和解读。历史老师可以指导学生基于收集到的信息进行深入的讨论。例如,他们可以让学生将调查的内容与教材、文献等资料进行对比,以确定哪一部分的可靠性更高,哪一部分存在明确的历史错误,以及哪些观点与教材和文献资料存在差异。接着,教师可以引导学生去探索这些差异背后的具体原因。例如,在面对同一历史事件时,教师可以对观点冲突的访谈内容进行比较,然后组织学生进行分析和讨论,学生可以阐述自己的观点,以及他们支持这种观点的理由等。

（3）成果评价

在讨论之后,教师可以指导学生编写调查报告,向学生阐明编写调查报告需要注意的问题以及报告的具体形式。报告内容包括小组的分工情况、心得感想、访谈的主要研究成果等。教师在评价学生报告的时候,可以依据以下这些标准:学生是否提出了一些具有误导性的问题？学生与受访者之间的互动怎么样？学生搜集的资料是否足够可靠？采访内容是否能够与其他的文献资料进行相互补充与配合？学生的历史考察结果可以被看作历史成绩的一个评价内容,教师还可以在橱窗内展示与公布优秀的学生作品,或者将其刊登在学校的刊物中。

总体来说,社会考察教学模式是一种十分创新的教学模式,教师、学生、受访者是影响这种教学模式实施质量的重要因素。因此,教师需要认真准备与指导,促使社会考察教学模式不断达到预期的效果。

第五章　高中历史课堂立意及教学设计

第一节　基于核心素养的历史教学设计原则与架构方略

一、基于核心素养的教学设计原则

(一)坚持学科素养整体性原则

首先要明确的是,教学设计的进步基于深厚的理论支撑,而系统论在其中起到了不可或缺的作用。在采用系统观的教学设计时,我们应当重视两个核心内容:一是将教学视为一个由众多元素组成的整体系统;二是在解决教学难题时,应采用系统化的策略。教学设计系统是一个由多个相互关联的子系统组成的复杂系统。首先,它需要对教学目标和教学对象进行深入分析;其次,它需要整合所有相关的教学内容;然后,根据实际情况选择最适合的教学方法;最后,它还需要重新考虑教学评价等多个方面。它们之间既有一定的独立性,同时也存在相互依赖和相互限制的关系。只有确保系统的完整性,我们才能充分利用其各个部分的优点,这也是实现预定教学成果和课程目标的关键和基础。

再者,"历史核心素养"这一观念本质上构成了一个错综复杂的体系。在全面的教育目标引导下,历史学研究所肩负的职责是其他学科所不能替代的。从历史核心素养的角度看,五大素养构成了一个有机的整体,它们在历史学习过程中是不可或缺的品质和技能。五大核心素质并不是孤立或分散的存在,而是隐藏在历史学习的每一个环节中。在课程标准的描述里,我们持续地强调唯物史观为各种素养的实现提供了坚实的理论支撑,并展现了其坚不可摧的重要性和影响力;时空观念反映了多个素养中的学科核心,它凸显了加强学生对历史知识基础的追求;史料的实证研究是实现各种素养的关键路径,它反映了对历史学习技巧的培育;历史解释是对各种素养中的历史思维和表达能力的一种要求,它体现了历史思维能力的塑造;家国之情是所有素养中追求的价值目标,反映了历史学科的重要地位和作用。

从这个角度来看,五大素养构成了历史学习的一个有机的整体,包括了理论基础、学科的本质、方法论、价值追求等多个方面。在实际的教学环境中,教师需要全面理解历史学科核心素养的含义和具体表现形式,认识到历史学科核心素养的五个方面是一个相互关联的整体,以确保教学目标设计的整体性,并充分体现学科核心素养的整体要求。

(二)坚持学生发展主体性原则

新的课程改革最显著的成就是形成了以学生为中心的教学观念,将学生的未来发展置于一个前所未有的位置,基于这个理念,新的教学方法也在不断的探索和尝试中逐渐出现。情境教学和合作探究教学等教学方法受到了大量一线教师的密切关注,已经成为研究领域的新课题,并在实际操作中得到了广泛的应用和实施,使得学生成为课堂活动的核心参与者。为了更好地培养学生的学科核心能力,我们在现有的教学设计基础上,应进一步拓宽其实践操作的边界,确保理论知识与实际操作紧密结合。一方面,我们需要思考教学内容的逻辑连贯性和教学流程是否紧密相连;另一方面,我们应该更多地考虑学生的认知特质,更为关键的是在教学设计上寻求创新,确保学生的学习和成长成为教学的核心价值导向。课堂教学设计的关键在于激发学生在学习过程中的主动性、积极性和创造力。在选择和应用教学模式与方法、整合教科书和利用教学资源时,都应以学生的学习活动为核心来组织教学过程,确保教学设计真正以学生的活动为中心,并在理论上达到预期。

(三)坚持教学过程开放性原则

随着课程改革的不断深入,教学理念的逐步更新以及教学方法不断改进,现今的课堂教学越来越倾向于学生的探究性学习过程。学生在教师创设的情境下有充分的发挥空间,是自我激发、促进和评价的过程。学生不仅仅获取了知识,更重要的是学习方法的掌握和能力的提升。而开放性课堂是教师要寻找合适的方法和路径,明确探究活动有效性的同时激发学生的学习兴趣。

(四)坚持历史学科特殊性原则

关于什么是历史,本身就是一个复杂的定义。而且,历史具有不可复制性。我们只能努力从客观的角度出发,尽可能地接近历史,但我们永远不能复制历史。为了增强学生的体验感,历史教师应该利用声音、图像和遗址来进行教学。在新的时代背景下,如何维护历史学科的独特性已经成为历史教学设计的核心关注点。

从历史核心素养的五个维度来看,唯物史观为我们的研究奠定了理论基石,并决定了研究的终极方向;时间和空间的观念构成了历史的一个关键元素,也是理解历史的基础;利用史料进行实证研究是探究历史的关键手段;对历史的解读被视为评估学生历史观的关键标准;家国之情被视为实现历史教育功能的关键指标。五大素养涵盖了历史教育的各个层面,这突显了历史学与其他学科之间的显著差异。因此,在进行教学设计时,确保历史学科的独特性是设计过程中的核心要素。在构建历史学科的核心素养体系时,最显著的变革是对之前专题历史的框架进行了调整,普通高中的历史课程现在结合了通史与专题史的教学方法。在必修课程当中,采用通史的编排方式,旨在让学生掌握中外历史发展脉络。课程内容分为中国古代史、中国近代史和世界史三部分。通史的学习有利于保留历史学科特色,呈现完整的历史时间线索,引导学生进一步了解和认识人类历史演变的基本脉络,在一定程度上有利于改善学生知识碎片化的问题。历史课程设置三个模块,涵盖了国家制度、社会经济生活和文化等方面的内容。各模块由不同的学习专题构成,从经济与社会生活和文化等方面呈现知识,引领学生从专题的角度对历史问题进行深入分析。选修课程拓宽了学生的历史视野和获取历史知识的途径。因此,在进行教学设计时,教师既要充分关注历史知识的脉络与线索,又要根据具体专题内容进行专题设计,丰富知识的呈现方式。

二、基于核心素养的教学设计架构方略

为了实现最优的课堂教学效果,教师需要全面掌握教学设计的每一个环节,并对教学设计的总体框架进行完善,这包括制定教学目标、整合教学内容以及优化教学过程。如何在保持新课程改革后的教学设计成果的同时,突出历史学科的独特性,实现学科的核心素养目标,并真正执行立德树人的基本使命,这是一个巨大的挑战,直接影响未来改革的效果。在这里,我们根据核心素养的指导,对教学设计的整体框架提出了三个主要的设想。

(一)教学目标紧扣核心素养

教学目标是实现高效教学的基础保障,同时在课堂教学中,确立明确的教学目标作为起始点,以实现这些目标为最终目标,并以达成这些教学目标为终极追求。如何设计教学目标直接影响一节课的成功与否,因此在核心素养的指导下,历史教学目标的设计应考虑以下四个关键点。

1.确保教学目标的整体性

自新课程改革实施以来,教学目标设计的成功关键在于构建了一个包括知识与能力、过程与方法以及情感态度与价值观在内的三维目标体系,从而打破了传统教案过于侧重于知识传授和理解的局限。在核心素养的指导下,教学目标的设计需要吸纳三维目标下的优秀教学成果,更加强调以学生的发展为中心的教学理念,在关注学生的基础知识的同时,更加重视提高学生的能力和情感体验。此外,教学目标的全面性也表现在教学目标需要与整体教育目标保持一致,在设计教学方案时应具备全局

和整体的观念,同时学科的核心素养目标也应与核心素养目标保持一致,这些都是我国教育体系的总体要求。在讨论历史学科的核心素养时,教学目标应以解决问题的能力为中心,以防止对五大核心素养的人为割裂。

2.确保教学目标的层级性

在三维目标的指导下,学生在知识掌握方面可以分为三个层次:识记、理解和应用。在制定新的课程标准时,我们对五种主要素养进行了深入的层次分类。因此,在制定教学目标时,教师应依据教学内容和学生的知识掌握程度,结合学科的核心素养水平来设定教学目标,确保教学目标具有层次性,并根据知识的难易程度和学生的学习基础来制定清晰层次的教学目标。

3.确保教学目标的阶段性

在设计教学目标时,我们应当坚持分阶段的原则,强调每个阶段的独特性,并确保这些阶段之间有连贯性,这样才能确保教学目标的完整性和一致性。提高学生的能力应当是一个逐步的旅程。新的课程标准确立了全面的学科核心素养和学业质量标准,并对各个学段的学生应当掌握的知识进行了深入的分类。在设定教学目标的过程中,教师应以此为基础,密切关注学生在不同成长阶段的发展状况。

4.确保教学目标的可操作性

教学目标的达成受到多重因素影响,教法和学法的选择是确保教学目标达成的根本。因此,在教学目标设计过程中,要针对具体教学内容,选择合理的教学方法、落实路径,保证通过课堂教学能够达成,确保教学目标的可操作性。另外,教学媒体的运用也是影响教学目标操作性的关键因素。例如,在时空观念素养的培养上,通过阅读地图只能停留在浅层认识,而通过多媒体教学手段的运用,能加深学生对知识的理解与认识,形成完整的时空概念,激发学生的学习兴趣。因此,教师要探寻教学目标的落实途径,使其具有可操作性。

(二)教学内容渗透核心素养

1.梳理知识,明确历史横纵联系

学科的核心能力的形成与知识的累积是密不可分的。对于学生来说,对知识的深入理解构成了学科核心素养的关键部分,它就像人体的细胞一样,代表了学科核心素养的基石,因此我们称其为知识的深入理解。只有当我们真正理解了知识,我们才能进行知识的迁移和创新,从而培养出真实的历史思考方式。从历史知识的角度看,它覆盖了广泛的时间范围,包括经济、文化等多个领域,这给学生的理解带来了挑战。因此,为了更好地帮助学生理解和解释历史问题,教师需要对学生的知识体系进行整理和完善,消除学习中的障碍,从而培养学生的独立认知和学科思考方式。

2.浓缩知识,突出教学重难点

一个出色的教学设计不是要涵盖所有知识点,而是要有明确的重点和难点。由于教材的局限性、学生对问题的理解能力和知识的难易程度,教师需要浓缩知识内容,选择与学生发展相匹配的知识作为一堂课的核心问题,详细而适度地展示历史知识,突出教学过程中的重点和难点。

3.拓展知识,激发学生学习兴趣

自新的课程改革实施以来,"重视学生的学习热情和经验""鼓励学生积极参与、热衷于探索、勤于实践"以及"培养学生的主动学习态度"这些课程目标受到了广泛的关注。在设计历史课程的结构时,我们不仅要强调其基础性,还需要构建一个多角度、多种类和多层次的课程体系。历史课程分为必修、选择性必修和选修三种类型,这为教师提供了更加灵活的选择余地。在设计教学内容时,教师应依据学生的实际学习状况,拓宽知识领域,精心挑选与学生成长相匹配的教学材料,以此激发学生对学习的热情。

(三)教学过程落实核心素养

1.强化史料教学是培养学科核心素养的资源

史料教学的核心思想是,在历史教育的过程中,学生在教师的引导下,主动地收集、分析并应用史料,客观地对历史事件进行深入的分析、解读和证明,从而培养他们正确的历史观念和思考方式,进一步增强他们的历史修养和探索精神。在历史教学过程中,史料被视为宝贵的资料,并对教学成果产生影响。历史资料在教室里的使用是无可争议的,但它们的实际效果却大相径庭。在以核心素养为基础的史料教学中,教师需要确立一个正确的史料观点。首先,我们需要从多个视角选择史料,并指导学生在研究史料时,掌握如何理解和分析这些史料;接下来,我们需要多样化史料的展示方法,以激发学生对学习的热情。

2.创设历史情境是培养学科核心素养的途径

学生为了更好地理解和认识历史,需要深入了解、体验和感受历史的真实面貌以及当时人们面临的实际问题。情境式的教学方法是通过充分运用典型的教学场景来激发学生的学习热情,并将认知和情感活动有机地融合在一起。情境设计的目的是让学生能够更加身临其境地体验历史事件,从而成为该事件的实际参与者或见证者。通过比较发现,创设情境可以有效地激发学生的学习热情,从而提高课堂教学的效果和学生的知识掌握程度。

综合课堂观察结果来看,学生的史料分析能力较好,但合作探究情况以及分析问题和情感体验情况有明显差异。虚拟情境创设有助于学生对问题的理解,有利于情感的升华和能力的提升。情境的创设一方面增强了学生的体验感,另一方面能充分调动学生参与到探究活动过程当中,是学生能力的培养过程。

3.注重问题引领是培养学科核心素养的关键

问题引领是在“以学生发展为本”的新课程理念指导下,充分发挥教师的主导作用,把学习置于问题之中,让学生自主地感受问题、发现问题、探究问题,并解决问题,以此促进学生认知、技能、情感全面发展。问题的引领包括探究问题的提出、问题情境的创设、新问题的发现以及问题的解决和论证。学生历史学科核心素养的发展,绝不仅仅是对结论的记忆,而是要在解决学习问题的过程中理解历史和解释历史。因此,教师在教学过程中要以问题为引领,透过问题引导学生思考并解决问题。在设置问题的过程中,要确保问题的难易程度符合学生学情以及学科核心素养的要求。

4.保证合作探究是培养学科核心素养的根本

以核心素养为基础的教学设计不仅需要考虑教学内容的逻辑结构、教学过程的各个环节以及学生的认知特性等因素,更为关键的是,在教学理念方面,应以学生的学习和个人发展为核心,以学生参与的学习活动作为实质性的教学路径,并以学生的探究性活动为中心进行。在进行探究性的活动时,我们需要明确学生活动的实际操作性,并为他们提供具体的方法指导,以增强他们的实践操作技巧。在小组合作的探究活动中,教师需要对每一个具体的探究步骤进行明确的规范,确保小组成员之间有明确的职责划分,每个人都能积极参与到探究中,从而提高工作效率,并在这个过程中培育学生的责任感和对集体的荣誉感。高效率的探究性活动不仅是提升课堂教学质量的核心要素,也是实现学科核心素质的基础。

三、教学立意的分类、作用、途径和需要注意的问题

(一)教学立意的分类

基于选择的中心维度的差异,在一堂课里,我们可以从知识、方法和价值观三个方面进行探讨,但最主要的研究焦点应放在价值观上。

1.知识立意

"知识立意"是指以知识为中心来设定教学目标,挑选一个能够在整个课程中起到关键作用的知识核心,并以此为核心,整合教材内容,连接各个知识点。以知识为中心来设定教学目标,不仅可以帮助学生扩大他们的知识视野,还能培育他们的历史思维,并形成一个内容丰富且逻辑严密的知识结构。

2.能力立意

能力立意的核心是培养学生的历史学习能力,这意味着整个课程都是围绕一个特定的思想方法来进行教学设计的,其最终目的是培养学生

形成一种审视和解决历史问题的思维方式。以能力为中心来确定教学目标的方法是基于"授人以鱼不如授之以渔"的教育哲学。这种方法有助于引导学生改变他们的学习方式,增强他们在历史学习中的探索能力,并鼓励他们主动地学习和掌握知识。

3.价值观立意

价值观立意是以情感态度和价值观为核心来确定教学立意的,其目的是引发学生情感的变化,促使学生的世界观、人生观和价值观成为核心,其他的目标都将服务于这个核心。当一节课的所有内容,无论是作为知识的基础还是作为知识认知方法的引导,都以对学生情感的触动为最终目标时,我们可以认为这节课的核心是实现情感目标。价值观的核心目标是引导学生在情感、态度和价值观上的转变,从而对他们产生长久且积极的影响。

以知识为核心是基石,以能力为核心是进步,而以价值观为核心则是我们的追求。在当前阶段,教学的核心思想并不是孤立存在的。仅仅以知识为中心的教学方法可能并不适用,我们应该更加重视能力的培养,并从单纯的能力培养转向价值观的培养。

(二)教学立意的作用

1.统领全篇

"文章主要以意义为核心,这意味着它很有魅力。"教学立意不仅是整体教学活动的中心和主导思路,还在很大程度上决定了一节课的整体教学布局。首先,在设计教学内容时,我们必须紧密围绕教学的核心思想,深入探索每个知识点之间的深层联系,确保教学过程成为一个连贯的整体。接下来,每一个教学环节都是以教学立意为核心进行设计的,各个教学环节紧密相连,具有内在的逻辑连贯性,确保教学过程的连贯性。

2.指导选材

如果将教学结构视为一节课的核心,那么所用的材料无疑是这节课的精髓。一旦确定了教学的核心思想,教师便应围绕这一核心思想挑选相关的历史资料。受制于课程时长、课程标准以及学生的认知水平等多重因素,教师在教学过程中不可能展示与教学目标直接相关的全部内容。在这种情况下,教师应当坚持客观、真实和多元的教学原则,选择具有针对性的拓展材料,并在保持拓展材料的原始意图和完整性的前提下,对这些材料进行整合。通过整合能够全面解释问题的代表性材料,教师可以培养学生基于历史的思考方式,以及利用历史资料来发现、分析和解决问题的能力。

3. 决定教法

在确定教学方法时,教师必须考虑到教学目标的实际需求。教学手段繁多,包括但不限于讲授法、探究法、谈话法、比较法、演示法、观察法以及多媒体辅助法等。在选择教学方法时,需要根据预先确定的教学目标,综合运用几种适宜的教学策略。当我们选择不同的教学思路时,所采纳的教学手段也会有所区别。如果教学理念是基于社会现实而设定的,并且与社会现实紧密相连,那么在这种情况下,我们就需要运用探究法、观察法以及多媒体辅助法来深入研究历史与现实之间的内在联系。

4. 拓展升华

教学的核心思想贯穿始终,使得整个教学过程形成了一个层次丰富的体系。在这套教学系统中,学生可以从多种视角去解读根据教学目的设计的历史场景,并用更深入的思考来理解课程的核心思想,从而更好地把握某一历史时期的中心思想,这有助于扩展学生的历史知识视野;从另一个角度来看,教学立意的强调不仅局限于单一课程的知识和能力方面,更进一步地,它强调了情感、态度和价值观的重要性。在课程结束后,学生对于教学内容的理解不再仅仅局限于知识层面,而是升华到了情感、态度和价值观的层面,形成了自己独到的见解。

(三)确立教学立意的途径

确立价值观立意的路径是至关重要的,每一条路径都应按照立意思路、立意设计、立意渗透和立意反思这四个步骤来进行。立意思路是一个基于特定途径来确定教学立意的思维过程。立意设计即是精心构思的教学立意,立意渗透则是根据这一精心设计的教学立意来规划整个课程的布局,而立意反思则是对该立意实施后的深入反思。

1. 单元专题立意

我们可以将单元的专题要求细化到每一课的教学内容中,并结合课程标准和学生的学习特点来理解这一课的教学目的。

基于单元专题来决定课时的教学方向是一个相对传统且经常被采用的策略。在设计教学内容时,首先要对这节课进行全面的内容定位,明确它与前后的课文、整个单元、模块乃至完整的教科书之间的联系,从而确定这节课的教学焦点,并据此确定教学方向。采纳此种策略的核心在于深入理解课程标准中的单元专题中心思想,并对教科书的单元前言给予足够的关注。

2. 标题立意

标题立意的核心思想是理解课文标题的深层含义,以确定这节课的教学方向。标题,也就是用来标识作品和相关章节的题目。教材标题实际上是由教材编订者根据课程标准对课文内容要求所提炼出的一组或几组核心词汇,这是他们经过深思熟虑后得出的结论。通常,历史教材的标题不仅具有科学性、创新性和简洁性,而且与学生的认知习惯相契合,同时也展现了鲜明的历史背景,准确地传达了课文的核心思想,并具有很强的代表性。因此,教师可以直接解读课文的标题,以此来确定教学的方向。

有几种方法可以解读标题,第一种是当标题代表一个事件时,直接以对该事件的探究作为教学的出发点。另一种教学方法是,当课文的标题是"时间+内容"时,教师通常会从把握内容的时代特点的角度来确定教学的主题,历史是以时间为中心的,每个时间段发生的历史事件都会带有该时间段的特点。在确定教学方向时,我们需要基于时代的特色,对发生的事件进行深入的解析。第三种情况是,当课文标题为"……与……"时,通常是从揭示两者之间的关系的角度来确定教学立意,探讨它们是并列关系、递进关系、还是对比关系,为什么要把它们放在一起论述,放在一起论述的意义是什么,从这些角度考虑教学立意。从一个开放的视角来探讨这种情况或制度的建立。我们不仅可以在通史中探讨这门课的内容,研究这种情况或制度是如何产生的,以及它带来的影响,还可以在世界史的背景下对这种情况或制度进行横向的对比分析。

(四)围绕教学立意组织教学需要注意的问题

1.前后贯通

教学立意的执行效率取决于教学过程是否能够实现连贯性。若教学过程中的某一部分不是以教学的核心思想为中心来设定的,那么教学的整体思路可能会出现断裂,导致教学内容的碎片化。因此,在教学活动中,我们需要确保教学理念与课程内容紧密相连,确保整节课的连贯性。这里的连贯性不仅体现在历史事实的连贯性上,还体现在教学逻辑的连贯性上。为了确保教学内容的连贯性,我们必须依据学生的认知模式,围绕预先设定的教学目标,对教材内容进行适当的融合,深入挖掘各个知识点之间的深层联系,并按照特定的逻辑流程对其进行排序,从而明确教学的各个环节。

2.循序渐进

以教学为核心来组织各个教学环节,这种方法是步步为营的,并展现了教学过程的分层特点。该过程的逐步推进主要体现在两个层面:首先是各个教学环节之间的逐步递进。立意教学的逐步推进特性要求我们在设计教学流程时要既科学又合理,既要满足学生的现有学习能力和认知需求,同时也要围绕教学内容逐步深化,以帮助学生更好地达到他们的学习目标。

3.适时小结

在实际的教学活动中,当一个教学环节结束后,适时的总结不仅能起到锦上添花的作用,还能顺利地过渡到下一个教学环节。在各个环节之间进行小结时,需要注意其适当性和及时性。不是所有环节结束后都需要进行小结,可以在更符合教学目的的地方进行。过多的小结只会导致教学过程变得拖沓。

4.及时反思

教师只有持续地进行自我反思,才有可能实现持续的进步。因此,在上完一堂课之后,我们需要进行深入的反思,检查整节课是否真正围绕教学目的展开,对教学流程进行反思,对学生的学习成果进行反思,检查小结过渡的实际效果,思考如何应对生成学习的策略,以及反思问题设计的各种功能。教师只有持续地进行自我反思,才有可能不断地完善自己,提升自己的教学质量,并增强其教育人才的能力。

第二节　高中历史教学立意确立的有效途径

一、紧扣课标,深入挖掘主题

课程标准是教师日常教学活动的导向性文档,每一门学科都有其特定的课程规范。课程标准主要可以划分为四个核心部分:学科的性质、课程的目标、内容的目标以及实施的建议。这些都是国家为某一学段制定的统一的基础要求和标准,充分体现了对课程教育的深度关心。这是一个每个人都有可能实现和感受到成功的"准则"。历史教师有能力根据他们对历史事实的掌握水平和思维方式,对教学材料进行有效的整合和创新,从而实施有创意的教学方法。创新教学的基础在于为课堂注入一个核心精神,也就是明确课堂教学的主旨。鉴于课程标准对某些历史事件有核心观点的描述,教师可以通过分析课程标准来提炼出教学的主旨。

二、创设情境,重视课堂生成

历史的一个显著特征是其过去性,尽管历史事件是无法被复制的,但历史背景是可以被重现的。在新的课程改革之后,课堂教学中经常使用"深入历史"这一策略,旨在唤起学生对历史的认识,引导他们设身处地地观察和理解历史事件背后的真实驱动因素以及历史人物的思维和情感变化。历史背景成了连接教师与学生与历史的桥梁。在面对教材内容深奥和学生难以理解的问题时,教师应当改变传统的教学方法。通过构建特定的教学情境,利用学生所感知的历史资料,帮助他们构建历史的外在形象,从而在实际的历史体验中拉近与历史之间的距离,激发学生的思考能力,以达到事半功倍的教学效果。

三、把握细节,拓展处理教材

历史细节指的是组成历史事实的具体元素,它与历史人物、事件、现象等有着紧密的联系,是构成历史的最基本单元。历史进程是一个从细微之处的数量变化到质的转变的旅程,尽管这些细节可能是散乱的,但它们的叠加将决定历史的总体走向。由于所有的历史事件和我们对这些事件的记忆都是由细节构成的,所以,在尝试还原和复现历史时,必须从事件的最小组成部分开始,也就是从细节开始。历史教材所包含的内容范围广泛,时间跨度较大,这在一定程度上削弱了历史知识的连贯性和顺序性。因此,教师需要从宏观角度出发,关注细节,通过历史的细节来强调教学的主旨。

四、关注前沿,注重教学反思

随着时间的推移,历史学的新研究成果不断涌现。历史教材的编写、审定、出版和采纳都需要一个漫长的过程,新的史料和观点的发现和应用,为教学的立意提供了新的契机。因此,在教学中,我们应该及时吸纳历史学的最新研究成果,以适应历史研究和时代变迁的需求。

实践中的教学理念并不是固定不变的,心理学家波斯纳曾经提出了一个广为人知的反思公式:经验加上反思等于专业的发展。当教师在设计教学内容和确定教学方向时,往往只是预先设定了学生的反馈,这种做法似乎过于空谈。对教师而言,持续的反思是他们教学过程中的关键驱动力。固定不变的教学内容不能满足学生的个性化需求。教师应该深入体验和感受教学行为,通过实际操作来进行反思和调整,不断更新自己的教学观念和方法,并对教学目标进行适当的调整,这样才能确保教师和学生双方的共同进步。

第三节　高中经济史教学设计

一、核心素养视域下高中经济史教学概述

(一)高中经济史教材解读

1. 教科书结构呈现

所指的历史教科书,其实就是用于历史教学的教材。该工具不仅在教师的教学活动中起到了不可替代的作用,同时也为学生提供了宝贵的历史学习知识。教师作为教授历史的人,如何有效地运用教科书成了确保历史教育品质的关键所在。因此,从事教育工作的人员必须对历史教材有深入的认识和分析,这样才能更有效地在历史教学中发挥其作用。

(1)课文系统

课文系统构成了历史教科书的核心部分,它涵盖了基础课文、附加课文、历史资料课文、探索性课文以及引导性课文等内容。通过课文系统,我们可以确定教学内容的深度和范围,这也反映了教科书的指导原则。所有的正文都将主体和辅助文进行了区分,以简明扼要的方式强调了教学的核心内容,帮助学生迅速区分主要和次要内容,从而减轻他们的学习压力,并据此总结了中国近代经济的发展趋势和规律。

补充性的课文作为正文教学内容的关键补充,其核心目标是扩展知识点或为知识点提供额外的解释,从而助力学生更好地理解和记忆。此外,还存在一些现代化的研究、历史资料的补充和数据的补充,这些文献的写作风格为楷书,与正文相比,它们更具可读性和趣味性,不仅能够吸引学生的兴趣,还有助于培养学生的独立学习能力。

(2)课文辅助系统

课文辅助系统是与课文系统紧密相连的,它的核心功能是展示各种教学手段,如课文的导语、图解、课边摘要、课文的思考问题以及课后的练

习题等,这充分展现了教科书的实用性。课文的导语可以分为两个部分:一个是单元导语,另一个是课前导语。单元导语概述了该单元的核心内容,学生可以通过这段文字清晰地理解本单元主要讲述的是中国近代资本主义的发展背景和历程。在正式课程开始之前,课前导语作为一种简洁的指导手段。

在课程中,课旁提要、课文思考题和课后习题都是对关键知识点的重点强调。这不仅能帮助教师迅速掌握教学的重点和难点,还能在鼓励学生主动学习的同时,复习这些知识点,从而提升学生在史料实证和历史解释方面的能力。

2.教科书学习内容说明

《近代中国经济结构的变动与资本主义的曲折发展》这篇文章主要阐述了资本主义在中国近代经济历史中的起源和演变,它由"近代中国经济结构的变迁"和"中国民族资本主义的曲折发展"两部分组成。它被划分为三大部分:近代中国资本主义出现的背景条件;民国时代的民族工业经历了曲折的发展历程;探讨资本主义在中国近现代历史进程中所占据的位置以及其所起到的作用。

二、解决高中经济史教学问题必要性分析

(一)时代发展的要求

从核心素养的角度来看,加强经济史的教学是这个时代的需求,这种需求不会因为时代的进步而消失,相反,随着信息时代的到来,它变得越来越重要。首先,21世纪信息通信技术的进步是核心素养产生的背景,这导致了社会经济的运作方式和人类的职业世界发生了深远的变化。核心素养是应对时代经济新趋势的需求而产生的,这突显了在经济知识学习过程中实施核心素养的关键性。在历史学的课程设置中,通过教师教授经济史,学生可以深入了解我国的经济发展轨迹。通过比较国内外的经济经验,我们可以更好地理解我国当前的经济政策,认识到社会主义制度的优势。在未来的学习过程中,我们希望学生能够培养坚定的道路自

信、理论自信、制度自信、文化自信,从而通过历史教学为我国的经济建设和精神文明建设做出积极的贡献。

(二)课程改革的需要

基础教育的课程改革反映了国家的决心和社会主义的核心价值观在基础教育中的实际应用,它承载了教育的核心思想,明确了教育的目标和内容,并在道德教育和人才培养中起到了中心作用。在 2017 年发布的《普通高中历史课程标准》里,历史学科的核心素养被精练为唯物史观、时空观念、史料实证、历史解释和家国情怀,这些构成了对整个历史教学过程的指导原则。在经济史的教学过程中融入核心素养,不仅是制定教学目标的起点,同时也标志着经济史教学的终极目标。

三、核心素养视域下经济史教学对策

(一)课前准备指向核心素养

历史的教学过程应当是细致入微的。只有对细节进行精细化处理,学习价值才能得到独立体现。换句话说,教师在进行历史的教学时,不只是在教学过程中要注重细节,课前的准备也应当做得非常周到。为了在核心素养背景下更深入地进行经济史教学的课前准备,我们应该从两个主要方面着手。

1. 扩充教师知识储备,加强专业理论学习

"给学生一杯水,教师要有一桶水",这句话在教育领域是非常受欢迎的。这句话的含义是,当教师向学生传授知识时,他们必须比学生掌握更多和更丰富的知识,这样才能真正地成为一个致力于教育和培养学生的教师。在教育过程中,核心素质不只是学生应当拥有的,同样也是教育者应当拥有的特质。除了学习核心素养的理论,我们还需要掌握相关的经济知识。经济史的教学主要依赖于对数据和史料的深入分析,以及对历史概念的详细解释。如果教师具备足够的知识储备,并能在已有的经济知识基础上添加既有趣又具有代表性的历史案例,那么经济史的教学过

程将会变得更为简洁和引人入胜。为了适应时代的变迁,我们需要在日常生活中积累和阅读大量与经济相关的书籍和核心素养的学术期刊,不断地更新我们的知识储备。通过多种途径和方法,我们可以扩展自己的专业知识,及时掌握史学领域的最新研究成果,并深入了解学生的知识需求和思维模式。此外,不断地拓宽自己的知识视野,提升教师的职业素质,并与资深教师进行教学经验的咨询和交流,能够及时地弥补自己在教学实践中的不足之处。

2.结合学生认知情况,合理选择教学方式

在开始正式的教学活动之前,教师需要明确两个核心问题:教授的对象和教学的目的。高中生是知识的接收者,他们在之前学习政治史的时候已经接触过经济史,但他们的理解还不够深入。学生进入教室并不是没有思考,教师应当在学生已有的知识体系上建立新的知识结构,缩短他们与新知识之间的距离,这将有助于他们更好地学习新知识和实现核心素养。在培养学生的核心素质的过程中,我们还需重视学生的学习潜力,确保因材施教。

(二)教学过程落实核心素养

历史课堂不仅是培养核心素养的重要手段,也是实现核心素养培养的关键路径。为了更有效地将核心素养融入经济史的教学中,我们计划从五个核心素养的角度来设计教学活动,并为经济史的课堂教学提供一些建设性的建议。

1.明晰经济概念,渗透唯物史观

唯物史观是一种独特的历史观和方法论,用于理解人类的客观世界和揭示发展的规律。从课程的开始到结束,唯物史观贯穿了整个历史课堂。因此,我们应该从唯物史观的角度来理解一些经济现象和经济概念。

2.画历史时间轴,培育时空观念

在历史课堂上利用时间轴的教学方法,能够超越时间和空间的限制,为学生呈现历史中的人物和事件,减少历史与现实的间隔,使学生能够在历史的背景下思考和体验当时的社会状况,并主要通过历史人物的心理经历来感知历史,从而实现知识的吸收和情感的提升。只有这样,学生才能真正掌握思考的方法,并学会如何面对历史中的问题。这种方式不仅有助于学生获得真实的历史知识,同时也促进了学生整体素质的进一步提高。在历史课上,利用历史时间轴来构建历史场景,并鼓励学生进行角色模拟,可以激发学生的学习热情,从而提高他们对历史学科的兴趣。

3. 理性解读史料,掌握史料实证

为了培育学生在史料实证方面的能力,教师在进行历史教学时,应以准确的史料为基础进行鉴别,并通过深入的分析和解读,从中提炼出有价值的信息。通过对这些史料的细致论证,教师可以得出最终的结论,实现"论从史出"的教学理念。在挑选历史资料的过程中,选择与史料作者和在历史课堂上教授的历史事件有紧密联系的资料,能极大地帮助学生准确评估史料的价值,与历史事件距离更近的人所提供的史料具有更高的实用价值。

4. 扩展历史思维,提升历史解释

对于学生来说,在分析和思考历史问题时,历史解释是一项不可或缺的技能。对于高中生来说,他们主要通过教科书来学习历史,因此在固定的思维模式下,他们可能会误以为教科书涵盖了所有的历史事件。这导致他们在面对教科书未提及的问题和资料时感到困惑,不知如何进行深入分析。因此,提高学生对历史的解读能力变得尤为关键。为了培养这种历史解释,教师需要在备课时选择与教学内容相匹配且具有代表性的历史资料,这样可以在课堂上对学生产生深入的影响。因此,在正式的教学过程中,我们需要培育学生的思维习惯,并通过这种思维方式帮助他们培养历史解释的能力。

5. 利用情感引导,内化家国情怀

将家国情怀落实在当代的历史教学中,重点就在于培养学生的爱国意识。尤其是在学习近代经济史时,这种危难来临时对于国家和家庭的担当意识是学生应具备的,在反思中吸取历史经验,为成为符合社会主义核心价值观的社会主义接班人而努力。

第四节 高中文化史教学设计

一、基于核心素养的高中文化史教学探究

(一)真正落实文化史的教学目标

1.关注三维目标中情感态度与价值观目标的落实

一是要科学、合理、规范地设计情感态度与价值观目标(以下简称情感目标)。如何设定情感目标呢?要依据历史学科的总目标要求。通过历史学习,进一步了解中国国情,热爱和继承中华民族的优秀文化传统,弘扬和培育民族精神,激发对祖国历史与文化的自豪感,加深对历史上以人为本、善待生命、关注人类命运的人文主义精神的理解。培养健康的审美情趣,努力追求真善美的人生境界。

情感目标的设定要在这个总要求的范围内,符合其倡导的主流价值观,绝不能设定与其相悖的情感目标。

二是要根据学生学情的差异性设定不同层次的情感目标,而且各级目标之间要具有递进关系。情感领域目标分类理论按照由低向高的水平层次分类,每一层次都有代表的行为动词。比如:接受层次的行为动词有体验、感受;反应—价值评价层次的行为动词有意识、体会、认识、关注、遵守、参加、应用、支持、研究、讨论、提议;组织—性格化层次的行为动词有初步形成、树立、保持、发展、增强、建立、完成。而"接受层次""反应—价值评价层次""组织—性格化层次"是由低到高递进的关系,这是教师可以参照的。

总体来说,在构建情感目标的层次时,需要紧密地与学生的实际学习情况相结合。因此,在设定情感目标时,我们必须坚持实事求是的原则,不能随意夸大其重要性,而应该有明确的层次和依据,并确保这些目标都在学科的总体要求之内。

三是要正确看待情感态度与价值观目标的落实。在一些历史课堂

上,教师习惯在结尾的几分钟用德育说教来实现情感态度与价值观目标,这样的"小尾巴"把三言两语的语气煽情作为升华学生情感的法宝。伴随着音乐,教师饱满的情感是会触动学生的。三维目标的三个维度不是等量齐观的,教师不需要面面俱到,情感目标与其他两维目标不同,它很难通过课堂展现。很多时候,情感目标是无法通过一节课的内容实现的,特别是情感目标中的高层次目标,它是一个长期、循序渐进的过程,也可以说是一个漫长的过程。在具体的教学实施中,教师不要妄想所有学生都能经过某一课的学习之后马上习得,所以实在不必在形式上通过生硬的表演来达成情感目标的落实。

"师者,所以传道受业解惑也。"教师的情感态度与价值观势必会影响学生的情感态度价值观,所以教师一定要有正确的价值取向。比如,在"宋明理学"一课中,在讨论宋明理学的影响时,教师要注意站在客观的立场上,不宜直接输入自己的观点。在课本中,对于历史人物的描写篇幅往往较少,教师可丰富对历史人物的刻画,使之有血有肉,从而使宋明理学的哲学观点也鲜活起来。无形之中,学生思维的广度拓宽了,思维的深度延展了,这是对学生情感的激活。教师让学生探讨宋明理学的影响之前,还要先对教学内容进行整合,把与情感目标相关的教学内容凸显出来,补充相关的资料和著述、学界观点、影像等。

2.上出文化史的历史味

(1)明确历史学科的培养要求

在文化史的教学过程中,历史学科的培训标准应当始终是核心内容,教育工作者需要对历史学科的独特性有深入的了解。历史被视为一门融合了解释、逻辑推理和人文精神的科学领域。通过对历史的学习,学生可以深入了解历史进程中的关键事件,并能够收集、分析并应用历史资料,真实地对历史事件进行深入分析、解读和证明,从而增强他们的历史思考能力;具备对历史情境的深刻洞察和表现能力,能够深化对历史的认识,熟练掌握和应用研究历史的各种方法,并学会从辩证和客观的角度来解读和评价人类社会的历史和现实问题;这有助于加强对祖国的历史和文化的认同与骄傲,培养深厚的爱国情怀,坚守中国特色社会主义的理念,并实践社会主义的核心价值;这有助于我们更深入地了解人类社会的发展趋势,认识到世界历史发展的多元性,同时也能更好地理解和尊重世界各国、各地区和各民族的文化传统,学习和吸收人类文明的优秀成果,从而形成一个开放的世界意识。

从这一点上,我们可以推断,经过文化历史的深入学习后,学生需要培养出初步的分析和批判性思维能力。因此,在进行教学前的准备、教学过程的执行以及教学结束后的学生评估时,教师都需要有清晰的认识,明确历史学科的培训标准,并重视使用教材进行教学。

(2)具备学科的整体意识,帮助学生构建知识体系

教师应寻找文化史中的整体线索:在横向关系上把握文化和经济因素、重大事件的联系;在纵向关系上梳理脉络,弄清前因后果,建构"根、干、枝、叶"的全貌。由此,那些看似冗杂的内容,像文学作品、科学技术、哲学思想等等,教师只有通过不断拓宽自身知识面,把握教学内容的整体逻辑关系,勾勒出横向和纵向的线条,才能避免教学内容的混乱无序,将历史的韵味重新赋予历史课堂。

(二)正确地处理教学内容

1.有的放矢地运用教材

学习最好的刺激乃是对学生的刺激。可见教学内容的重要性。新课改后的文化史内容"大换血"。教师只有将教材观转变了,才能将文化史教学化难为易。历史教科书虽然不是教学内容的全部来源,但是其最主要的来源。所以在实施文化史教学前,教师务必要吃透历史教科书,再依据教学目标和学生学情活用教材。

历史教科书是开展历史教学活动的主要文本,是最主要的历史课程资源,是实现历史课程目标的重要载体。因此,一线教师必须先对教材进行钻研,认识教材、了解教材,弄清教材每一个板块的功能,才能利用好教材。在教材每一专题的导语后都有"学习建议",提出本专题的学习目标、要掌握的内容以及对学习方法的建议。需要注意的是,"学习建议"不仅

是学生学习方法的提示,更是每一个专题的脉络。所以,教师在进行文化史的教学时,要利用"学习建议"这一板块。在专题内的每一课都有"课前提示",它是每一课的引导语,也是每一课主要知识点的概括,所以教师授课时绝不能遗漏"课前提示"的知识点,并有条理地组织、安排教学内容。"知识链接"是对教科书中出现的知识点的相关介绍,包括相关的知识扩展、名词解释等,起到补充说明的作用,这一部分在课堂上一般不讲。"资料卡片"包括相关史料书籍、文章、诗歌等节选内容,具体所起的作用各有不同,有些是正文事件发生的背景说明,有些是正文事件影响的呈现,有些是正文事件内容的补充。"学习思考"是针对相关内容向学生提出的问题,其难易程度不一,作用也大不一样。某些问题相对简单,但通过深入阅读正文,学生可以迅速找到答案,这种类型的问题通常有助于加强学生对知识点的记忆;某些问题是开放性的,没有固定的答案,这类问题涉及学生的情感态度和价值观,要求学生在了解知识点的基础上理解并形成观点;第三种类型的问题对学生提出了更高层次的挑战,在课堂环境中解决起来相当困难,因此要求学生在充分理解的基础上进行深入探究,这更多地反映在教学目标的过程和方法上。"史学争鸣"实际上是学术领域中对同一历史议题的观点碰撞。"自我评估"与"材料的阅读与反思"构成了每节课的结尾,用以评估学生的学习进展。"自我测评"的考查深度相对较浅,其主要目的是评估学生对基础知识的掌握水平。

近年来,材料在选择题和论述题中出现的频率越来越多,所以训练学生材料的阅读和分析能力是很有必要的。"材料阅读与思考"模块就是很好的素材,应发挥其作用,其中出现的文献资料内容有古文、民国时期的白话文以及现代文。

教师对学生的指导应该视具体情况而定,不需要逐字逐句翻译、解释。历史教科书课文辅助系统的子系统包括图片,如经济生活图、历史人物图、器物图、历史地图、名胜古迹图、经济和社会生活图。不同类型的图片各具其用,相较文字,图片对学生的吸引力更强烈。在使用时,教师要注意几点事项:一是控制量,否则容易造成过犹不及的效果;二是在使用前,教师要核实图片的真实性,并了解其信息;三是使用的历史图片必须具有表现力和代表性,并且符合学生的认知水平,以免图片的运用达不到预想的效果,甚至起到反效果;四是教师在进行图片教学时,要将读图技巧和方法告知学生,这是对学生历史技能的训练。

在新的课程观念影响下,教师被授予了更多的教学权利,因此他们需要改变对教材的看法。为了提供高效的教学服务,教师需要根据既定的教学目标和学生的学习状况,对教材进行深入的处理,然后组织和应用教学内容,同时确保教材的内容既详细又适当,并能够灵活地安排其内容的顺序。只有当教师彻底改变对教材的看法,他们才能持续地创新教学内容并优化教学实践,从而更好地促进学生的全面发展。

2.教学内容的选择要依据学生学情

(1)适当联系实际,增加当地地方史的内容

在研究中国古代的思想历史时,我们不仅要关注那些反映社会底层思想的著作,还需要重视那些反映社会底层思想的资料。为了让文化史的教学内容更加贴近实际,我们可以考虑加入更多关于地方历史的教学材料。

首先,地方历史与学生的日常生活紧密相连。在满足社会发展需求的基础上,将地方历史纳入教学内容更有可能激发学生对历史学科的学习热情,进而有助于实现教师设定的教学目标。从建构主义的学习观点来看,学生会根据自己的特殊经验来筛选和处理外部信息,并对这些新的信息进行编码,从而构建自己的认知,并为这些经验注入新的意义。在挑选历史资料的过程中,教师应当精心挑选与学生日常生活经验更为接近的部分,这样可以帮助学生更好地理解历史,进而培养他们的情感共鸣。这样的历史既有情感深度,又充满生命力,而不会让学生觉得历史与他们的生活有太大的距离。我们需要扩大对历史的认知范围,加强对历史的深入洞察,并学习如何从一个全面和客观的角度去理解中国和世界在历史和现实中的地位。要真正体现历史的实际价值,教学内容是关键,而补充地方历史内容与学生的日常生活紧密相连,这有助于加强学生的角色

认知。

　　再者,地方性的历史教学被认为是全方位教学改革中的一种高效途径。在进行文化史的教学时,教育者需要将教学目标与当地的实际情况相结合,最大化地利用当地的资源,向学生展示与当地历史时期相关的信息或传说,从而缩短学生与历史之间的距离。通过指导学生去深入了解现实生活的起源,我们可以帮助他们扩大眼界,学习如何收集和分析信息,进而实现历史教育的目标。例如,地方志为学生提供了丰富的历史学习资源,教师可以在其中搜寻到当地的历史资料、珍贵的历史文物和丰富的历史文化点。结合教学目的,我们为学生设计了专门的历史学习课程,旨在为他们创造一个有益的历史学习氛围。

　　随着教育课程的持续改进和深化,学习历史的目的是培养学生的历史觉悟和历史修养。地方历史的内容既富有活力又与现实紧密相连,既能激发学生的学习兴趣,同时也满足了社会进步的需求。因此,从学生日常生活中的历史经验出发,可以帮助学生将这些历史知识与他们所处的实际情况相结合进行思考,这也是通过增加地方历史内容来进行文化历史教学的一个重要目标。教师若想在教学中持续创新和突破,就必须紧紧抓住新课程改革带来的机会,努力站在前列,充分利用地方历史的独特优势来进行历史教学。在将地方历史纳入教学内容的过程中,教师需要遵循统一性和独特性的教学原则,选择与地方历史相匹配的教学内容。这样不仅能迅速吸引学生的注意力,还能符合主流价值观,并与时代发展趋势保持一致。

　　(2)教学内容的选择要符合学生的认知水平

　　从建构主义的学习观点来看,学生会根据自己的特殊经验来筛选和处理外部信息,并对这些新的信息进行编码,从而构建自己的认知,并为这些经验注入新的意义。因此,在制定教学内容时,应当充分考虑并应用学生的日常生活体验。如果学生不能吸收教学内容,那么这些内容就会失去其原本的价值和意义。反之,如果教学内容能够充分考虑到学生的兴趣和需求,并与之保持一致,那么这将有助于学生更有效地掌握学科知识,并有助于实现教学目标。

(三)加强教师专业素养

1.转换成一个学习者的身份

(1)转变心态

在文化史的教学中,教师更要以一种谦卑的态度去学习。即使是拥有多年教龄的一线教师,以过去文化史部分的教学经验,也是难以适应新课改的要求的,这个现实需要所有一线教师首先认清。正所谓"船大难掉头",越资深、拥有越丰富的教学经验的教师,由于思维固着,反而更难转变教育观、教师观、学生观、教学观、课程观。所以,课改的推进首先要求教师放下心中的权威,放下以往的包袱和荣誉,从新出发,从心态上要真正转换成一个学习者的身份。只有教师的内动力加强,才能使教学向前迈进。

只有当教师改变自己的思维方式、增强自己的意识并展现积极的态度时,他们才能真正展现自己的才能。如果没有教师的积极参与,实现教学改革将会非常困难。只有当教师形成自我更新和自我培养的内在动力,从被动适应的消极态度转变为主动开发的积极态度,他们才能真正参与课程改革,从而推动学科的发展。

(2)转变方法

首先,为了提升文化史所需的素质,教师需要加强阅读能力。在教授"古代中国的科学技术和文化"这一主题的文学艺术部分时,教师不仅需要明确中国古代文学艺术的显著成就和发展历程,还需要具备一定的文学艺术鉴赏能力。这样,学生才能真正理解中国传统文化的深邃和广泛,从而培养出对祖国文化的热爱和自豪。文化史内容繁多,包括哲学思想、文学作品、绘画书法、科技成就等,历史课的培养要求不需要将这些"点"展开。但是"欲明人者先自明",教师还应具备现实所必需的文化史素养,因为历史课堂的魅力不仅包括学科内容,还包括教师的个人魅力。因此,教师就需要不断地通过阅读来充实自己,增长自身的学识,为更好地引导学生学习、开展精彩丰富的教学打下坚实的基础。教师作为知识文化的传递者和引导者,必须拥有充实的知识,才能达到最佳的教学效果。读书是教师成长的途径,专业知识和教育理论的广博精深,要求教师通过不断读书去积累、去总结。新课改的实施更加要求教师加快历史知识的更新、关注史学研究的前沿动态、了解最新的历史研究成果,从而对历史人物、历史事件、历史现象形成更加全面、深刻的理解,更好地反哺于教学之中。提高历史教师的专业素养,阅读无疑是最直接有效的途径,而且拓宽阅读的广度和挖掘阅读的深度是每一位历史教师所应该和必须要做的。

接下来,我们应当重视教师在实践中的反思。教师在完成每一轮的教学实践后,都需要仔细思考自己过去教学经验中存在的不足,以及教材内容和教学方法是否恰当,然后再进行相应的修正和实践,这样的过程需要反复进行。此外,在课堂教学的各个环节中,教师有机会在一个短暂的时间间隔内进行迅速的反思,并据此做出适时的调整和补救措施。不夸张地说,教师通过实践反思展示了他们的聪明才智,这也是提高教师教学质量的最直观和最高效的方式。

2.提高教学设计的能力

现代教师需要掌握多种技能,包括将课程目标转化为实际应用、设计课程、组织课程内容以及开发和评估课程资源的能力等。因此,提升教学目标设计的品质变得尤为关键。

教学目标为教师的授课和学生的学习提供了明确的方向,进而助力于构建高效的教学方法。设计教学目标是实现高效教学的首要步骤,而教学目标不只是教学活动的起点,也是教学的归宿,即教学目标是教学成效的量尺,只有明确了教学目标,教师的教和学生的学才有客观的准绳,而不至于凭主观意志做评判。所以,教学目标的重要性是不容置疑的,要保证教学的有效性,就必须设计出切实可行、具体准确的教学目标。为此,教师需要了解教学目标设定的基本原则和基本方法。

结合课标要求和学生学情设定教学目标。首先,课标要求是教学目标的源头,教师必须研读课程目标,理解课程理念,明晰课标要求,对每一课的课标进行详尽的分析,并且根据课标要求细分目标。各层次目标达成的难易程度不一,呈逐级递进的关系。教学目标要以学生为本,突出学生的主体地位,明确显现教学目标的四要素(主体、动词、条件、程度),从而构建出一个清晰、科学的教学目标。其次,学生学情是教学目标设定的客观依据。学生的水平层次不同,教师通过检测了解学生的知识点后,针对学生的个体差异提出不同的要求,更可以用数量表示出来。再次,教学目标要具有可观测性。教学目标必须是具体的,便于衡量,尽可能地运用明了、可观测的具体行为动词表述。教师应明确指出什么知识要达到什么认知水平。例如,在知识与能力目标中,在表述中使用"能够说出""能够列举""知道""了解""运用"这样的行为动词。最后,教师要加强对课标要求解读的能力。课程标准是教学目标的依据,对课标要求的理解直接影响了教学目标设计的质量,对课标要求理解水平的不同,教学目标设计自然也有所差异。解读课标要求,避免不了教师融入个人的理解和体会,即教师会以个人教学经验对课标要求进行审视,对学生学情进行判断。教师只有不断建构和完善对课标要求的理解,才能设计出高质量的教学目标。因此,在设计教学目标时,我们需要根据课程标准和学生的学习状况来进行,同时也要坚持层次化、科学性和可度量性的原则。

完成教学目标设计之后,分析不同目标层次的达成与学生学情之间的差距,得出教学目标实现所需要的条件,从而选择"脚手架",即选择适合的教学内容、教学方法,进而设计出实施路径,即完成教学过程设计。教师是教学过程设计的核心要素,即教师是根据自身对课程的理解和实践经验,对既定课程进行加工润色,从而设计出教学过程的。在教学过程的设计中,教师要以加涅的学习结果分类理论、奥苏贝尔的有意义学习理论和班杜拉的社会学习理论等教学原理为基础,切实提高教学过程设计水平。由于现实的教学情境是无法完全预料的,因此在教学过程设计中要注重教学内容的选择、开发、研究与创生的重要性,最大限度地在不稳定的教学情境下落实教学过程设计。

3. 依据教学内容和学生学情合理地运用教学方法

真正高效和全面的教学方法是不存在的。每一种教学方法从本质上看都是相对辩证的，它们既有其优势也存在不足，都有可能有效地解决某些问题，但解决其他一些问题则是无效的，这是一个普遍接受的教学原则。经验告诉我们，众多的一线教师采用的教学方式过于单调，例如，有些教师在教授文化史时选择了灌输式的方法，这导致了一线教学中的一种激进变革，即限制教师的授课。教授历史的老师是不可或缺的，但他们的授课方式必须是合理的、巧妙的，并且要确保授课方法既科学又恰当。

在教学方法的应用中，教师需要深入了解各类教学手段的独特性，并依据特定的教学主题和学生的学习状况灵活运用这些方法。在历史教学中，常见的方法包括讲授法、问答法、讨论法和读书指导法，而相对较少见的方法则包括演示法、练习法和任务驱动法等，对于这些方法，作者并没有进行深入的解释。

讲授法是一种教师通过语言系统和连贯的方式，向学生传授知识的方法，这在解释历史概念、总结历史规律、描述历史事件、介绍历史人物、讲解历史背景时是非常常见的。教师采用简洁明了的授课方式，充分利用讲授法的优点，将复杂的问题简化，让学生更加理解。问答法指的是教师指导学生利用他们的经验和知识来回答他们提出的问题。问答法提出的问题具有明确的方向性特点。因此，在决定采用问答法之前，教师必须仔细考虑学生的学习情况和教学内容，以激发学生的思考能力。通常不会进行短暂的提问，尤其是那些缺乏教学经验的教师。讨论法是一种让学生在教师的引导下，为了解决特定问题而进行的讨论和鉴别真伪，从而获取知识的方式。读书指导法是一种由教师引导学生通过研读教科书、参考资料和课外阅读材料来获取知识和培养自主阅读能力的教学策略。高中学生具备独立查找和分类课本知识点的能力，因此，教师应当有策略地采用读书指导方法，以增强学生的阅读技巧。经历了一段时期的历史资料检索和历史教材的培训后，学生的阅读技巧会逐渐转化为他们的阅读能力，这不仅对未来的历史教育有益，同时也能有效提升学生的考试表现。因此，在教授文化史的过程中，教师需要深入了解历史教学方法的独特性,并灵活运用这些方法,以更好地服务于实现教学目标。

4.开展好教研工作

首先,教育工作者应当高度重视教学研究活动的执行质量。教育研究的实施不能仅仅停留在理论层面,而需要真正地付诸实践。教研活动必须基于教学现象的实际情况来进行,教研工作的核心应当是客观存在的教学现象和真实的事实数据,并且必须严格遵循科学的研究流程和原则。在教学研究的过程中,教师需要围绕实际的教学案例进行深入探讨,吸取各方的优点,形成尖锐的对立,从而激发出智慧的火花。只有进行这样的教育研究活动,我们才能真正实现对教师的持续锻炼,并将教师过去的知识和教学观念进行真正的转变。

其次,教师需要逐步改变他们在教研工作中的研究方向。教育研究的方向应该从单纯的"教"研究转向"学"与"教"的综合研究。在教研活动中,我们应当继续弘扬研究教学、教材和教师的传统长处,并逐渐加强对学习、学习方法和学生的深入研究。教学研究的主题应当融合"学习"和"教学"两个方面,同时,教研的工作范围也应从仅限于课堂教学研究扩展到包括教学研究、课程设计、教师培训和教材编纂等多个领域。

最后,教研工作的形式、工作机制需要转变。教师教研工作的形式可以多元化,除了对教学过程设计的设想、教育教学理论上的研讨之外,在教研工作中,教师可以积极开展课堂教学方法创新的试验,创造性地开展教学实践活动,还可以学校之间、教师之间、学科之间开展相邻学段的教学资源整合研究,学科内扩外延,通过教研活动搭建起固定的教师交流平台等。

总之,教研工作对促进教师的发展起着很重要的作用,教研工作在质量、主体思路和开展形式上都应积极创新、完善。在今后的教育改革中,这也是一个十分重要的深化点。

二、在文化史教学中发展学生的多元文化意识

(一)高中历史多元文化意识培养的学科意义

历史作为一个民族的集体记忆,其民族文化的身份认同关系着一个

民族乃至国家的尊严。历史学科的特性就是包容性、广博性,为培养学生多元文化意识提供了丰沃的土壤。

1.历史学科知识广博性

要发挥历史学科的综合性优势。历史知识具有综合性的特点,历史教科书的编写尽可能地展现人类社会发展史中各层面的内容,包含经济、思想文化、教育、外交、科学技术、文学艺术等各领域。历史学被认为是一门综合性的学科,它自身蕴含着更多跨学科性的特征,成为各学科的基础。随着课改深入,新教材尽可能多地融合科学技术、文学艺术以及社会生活史方面的相关内容,包含的知识更加丰富多彩,还顾及了相关学科之间的交叉与渗透的问题。通过高中历史学科的学习,学生能够深入了解古今中外各个国家的经济、文化发展历程。在微观层面,学生通过社会生活史的学习,了解不同群体的思维模式、行为方式、风俗礼仪等,拓宽视野,加深对中外历史更为全面的立体感知。

2.历史学科智能综合性

(1)跨文化理解能力的培养

新课程改革以来,历史课程的新时代功能已经开始注重培养学生的历史学科素养与能力,在此基础上,更充分挖掘历史学科本身潜在的人文价值。这一方面强调了能力的培养,另一方面突出了历史教育在素质教育中的作用。跨文化理解力是一种思维能力,对于异族文化以及不同国家文明的理解,需要对其文化发源的历史背景和沿袭因素具有一定程度的了解,这是历史教学在史实知识传递这一层面要打下的基础。同时,跨文化理解力又是一种人文素养。历史教育要以现代史学观培养学生正确的世界观、人生观、价值观,进行科学的爱国主义情感教育,深刻理解和欣赏其他民族在历史发展中所做的贡献和优秀文明成果。

(2)交流合作能力的培养

在历史的教学过程中,学生是教学的中心,采用学生小组合作的探索性学习方式,能够得到教师的指导和帮助。在探索性的学习旅程中,可与持有各种观点的学生进行深入的交流,并确认不同观点的存在。在这一过程中,不仅要补充个人的观点和证据,还需要扩展自己思考问题的视角和深度,以培养学生的发散性思维,并使他们的结论更加全面和客观。

(3)批判性思维和发散性思维的培养

在多元文化教育中,教师应当纳入批判教育学,并将其视为教学的首选策略。在培养学生的批判性思维方面,班克斯持有这样的观点:批判性教育学不仅有助于促进不同文化之间的相互理解和差异,还能在平等和肯定的基础上对待各种文化,并有助于消除各种形式的歧视和偏见。从高中历史教育的视角来看,有能力跳脱历史教科书中的基础历史概念,整理和归纳新的历史资料,进行深入的分析,并据此做出独立的思考和评估,这也是当前高中历史考试中需要特别关注的一项能力。在历史学科的教学过程中,强调对学生批判性思维和发散性思维能力的培育是至关重要的。

首先,要求教师在教学过程中让学生夯实基础知识,并结合教材中的基本知识点为学生扩充相关的材料背景,帮助学生构建尽可能完整的历史知识体系,为培养学生知识迁移做铺垫。其次,设置探究性问题,培养学生透过历史现象发现问题本质的能力,提升思维的深刻度,鼓励学生大胆质疑,论证自己的观点。在教学设计过程中,要关注历史学学术研究前沿动态,呈现不同学者或学派的学术观点。

3. 情感态度与价值观的培植和完善

新课改后的历史教学更注重情感态度与价值观的培植。多元文化意识,在某种意义上是一种多维度思考问题的能力,也是一种接纳包容的人文情怀,还是人文素养的一种体现。历史教育中,多元文化意识培养从强化民族情感和国际意识层面包含两大方向:国际理解教育和民族团结教育。在全球多元文化背景下,多元文化教育承担着既要应对全球化潮流,又需要保持各国家民族的民族特色的使命。

民族团结教育,在我国新时代全球化背景和中华民族多元一体的社会环境下,作为多元文化教育课程的一部分,体现了培养和提升全体未来民族成员的民族凝聚力和国家认同意识的民族教育目标。民族团结教育的课程目标和定位明确地涵盖了以下六大领域:第一点是提高学生对其他民族文化的理解和接受能力;第二点是增强学生的跨文化沟通技巧;第三点是要满足中华民族社会多元化和一体化发展的各种需求;第四点是要培养具有不同民族背景的学生在文化认同、民族认同和国家认同方面的积极态度和意识;第五点是在多元文化的社会背景下,培育学生所需的态度、知识和技术能力;第六点是继承和传播民族的文化知识。

(二)高中历史学科多元文化意识培养的必要性与可行性

1.新课改以来的高考历史学科考查指向性转变

高考历史学科的考查指向性越来越偏重历史多元能力的考核,在高考风向标的引领下,高中历史学科多元文化意识的培养逐渐产生实施的必要性。在考查方向上,更多关注点转向历史学科能力素养方面,这在很大程度上有力推动了历史教学的学科能力培养。在考试范围上,增加了选修课中的部分内容,这使得高中历史选修课开始脱离走过场的教学,引起教师重视。选修课内容丰富了必修课的史学知识,加深了学生对世界史文明成果、民族文化历史资源、中外历史人物等的进一步认知,这对多元文化意识的培养是大有裨益的。

2.高中历史教材编排设计的新理念

随着历史课程改革的不断深化,新的高中历史教材在新的课程标准下都展现了新的观念,这些特色有助于在高中历史教育中培育学生的多元文化认知。在这次高中历史教科书改革中,中外合作编写的教材设计成为了一个显著的特色。新版本的历史教科书不仅体现了课程改革的核心思想,还在内容选择上大量融入了经济史、文化史、科技史和社会史的元素。同时,该教材也注重吸纳史学界的最新研究成果和乡土史的相关内容,这样做有助于培养学生对宏观历史时空的认识,并加强他们对民族历史和国家历史的立体感知以及国际意识。

3.高中历史教师教学方式转变

教师的教学资源开始呈现多渠道化。新课程理念下的教师是历史课程教材的研究者、开发者。例如,教师除讲授中国通史、世界通史外,还可以根据需要补充讲授乡土史、民族史、文化史、社会生活史等,使教学内容更加充实和富有灵活性,打破紧扣教科书或以教案为本的传统教学方式,多元化充盈教学内容。

《高中历史课程标准》更加倡导学生积极主动地学习,在历史课堂中更多采取问题探究式学习,以学生自主探究、小组合作为核心,培养学生善于从不同角度发现问题,学会合作学习与交流的能力,以此促进学生批判性思维、发散性思维的构建。新课标鼓励教师创造性地探索新颖的教学途径,改进教学方式和教学手段,采取灵活多样的教学方法,组织丰富多彩的教学实践活动。

高中历史课程的情感态度与价值观目标要求,主要从民族历史文化认同、人文主义、国际意识等方面对学生提出更高的标准。新课改后的高中历史课堂要求历史教师有目的地结合课时内容进行延伸性的情感态度与价值观教育与熏陶,将多元文化意识的培养潜移默化地融入历史课堂中。

(三)高中历史文化史教学资源的扩充

课程资源的所属层级可分为国家、地方、学校三个级别。根据其空间分布,又可分为校内课程资源和校外课程资源两部分。每个地区、民族都有其自身特有的历史资源和文化氛围。现阶段以多元文化意识培养为目标之一的高中历史教学,应将国家与地方以及学校课程资源有机整合。

1.地方课程资源融合利用

从培育学生的多元文化修养的角度出发,高中历史教育在考虑文化元素时,既要反映国家的意志,同时也要适当地突出地方的独特性。在选择和补充课程内容时,我们适当地考虑了各个民族和地区的独特文化,并将其视为扩展的独特课程资源。在常规的教学活动中,经常使用的乡土历史资料涵盖了:古代的遗迹和建筑,例如古老的村落、城市、战场、皇宫和寺庙等;包括甲骨、青铜器、陶器、铁器和玉器在内的各种历史文物;关于历史文献,主要包括地方性的史志、各类档案和家族谱系等;包括民间传说、古老的历史故事以及口头见证等。这些建立在学生周围的物质和人力资源,可以从多个层面和维度为学生提供丰富的历史材料和深入的历史洞察。这种选择的课程资源融合了各个民族和地区的独特性,它与日常生活、实际情况和学生的情感都紧密相连,同时也满足了"课程内容应与社会生活相结合"的选择标准。

2.吸纳相关的校本课程资源

以不同民族、地区的学生为对象,将体现多元文化观点的各少数民族、地区的传统历史文明成果、文化精华融入学校现有的课程之中,在学校课程中融入多元文化精神与方法,发展学生的历史认知、情感价值观,这样做不仅有利于历史教学中学生知识面的扩大,也是为了拉近历史课程的时空概念,让历史课给学生的主观感受不再有与自己实际生活毫无关联的距离感,以学生成长地方的具有浓厚乡土情结的历史文化资源作为补充,满足学生的心理需求。

3.关注学生本身

从学生自身角度出发,思考历史教学中多元文化意识的培养。每个学生从其家庭所属的社会阶层所带来的阶层历史文化,或者其家乡的地域差异所带来的地区历史文化,民族差异带来的不同民族历史文化,乃至不同学生的家族发展的历史,都可以作为多元文化意识培养的隐性资源。因此,每个学生在历史学科方面的学习方式、思维方式、表达方式都有所差异。在日常的历史学习中,教师在有意识的组织下,让每个学生交流沟通,这样不仅从历史学科知识层面丰富认知,也从历史学科学习方法、思考问题角度等能力技巧方面互相交流学习。

4.教师自身学科多元文化素养

首先,在历史学科专业知识层面,教师应有意识完善专业知识结构。其次,从教学理念上来说,教师自身要树立多元文化意识,在日常历史教学中,要有意识地从知识讲授层面扩充多方面的知识内容。对同一历史问题的讲解,从不同角度展开,培养学生多元思维视角。同时,鼓励学生在历史学习中互相交流探讨,使学生认识到多元文化意识培养的必要性和重要性。此外,青年教师要树立现代教育理念,要有持续学习的动力。

（四）高中历史文化史教学方法的转变

1.自主合作探究法

自历史学科新课程改革以来，开始推行以学生为主体的自主合作探究学习教学模式。教师课前布置研究课题，让学生自行通过各种渠道搜集相关史料，课堂上每个学生分享交流各自的学习资料和想法，可以用自己搜集的资料互相弥补或批驳佐证，共同解决一个问题，培养"论从史出"的历史学科素养，增强全方位、多角度思考问题的严谨性，实现内容多元化、思想多元化、结论多元化、方式多元化。

在当代历史教育中，以培养多元文化意识为核心目标，教师应鼓励学生勇敢地挑战传统观念，激发他们对实践和考证的探索热情，培育他们对不同观点的理解和接纳能力，全方位地理解事物的批判性思维，并积极地探索和发现历史上的创新思维。我们的教学目标不只以历史学为核心，更要重视对价值的理解和培养学生的价值判断技巧。这个学习旅程融合了设想、质疑、讨论、比较和选择等多种思维方式，构成了一个综合性的探究活动。

2.教师附加法

在准备课程的过程中，教师需要有计划地扩大相关主题的知识范围或者扩展知识的链条。中学的历史教材主要是基于历史事实的简明描述。为了让学生更深入地理解历史事件的起因、表现、进程和影响，教师需要以教材为主线，对相关的知识内容进行超出教材范围的扩展、整合和加工。优秀的历史教师不只确保学生在以课本为基础的学科知识上得到应用，他们还能在历史知识上进行横向扩展，在历史思维上进行纵向拓展，从而获得多维度、多样化的价值观理解和感知。

教师需要持续关注最新的史学研究成果，利用历史学科的前沿思想来推动历史教学的进步，依赖这些前沿的学术研究成果来服务中学的历史教学，并通过多种途径及时获取新的历史材料和新的历史视角所推导出的史学成果。在进行历史教学时，教师需要将学术前沿的研究成果融入其中，运用与学生思维和思想价值相符的前沿史学问题。教师应努力确保这些问题与课程标准和高考高度一致,并与历史教材的相关内容保持紧密的联系,以实现教材与新的史学前沿问题的相互补充。教师有机会在课下集中精力于史学期刊、著名学者的重要著作以及历史研究的综述文章,从而从多个角度获取关于史学研究的最新动态和信息,以确保高中历史教学能够紧跟史学的最新发展趋势。

在高中历史的教学活动中,教师应当提倡在教学中应用多种历史观点。在高中新课程标准的背景下,出现了文明史观、全球史观、现代化史观、社会史观和生态史观这五种新的史学观点。历史教师需要善于运用这些新的历史观点来解读教材,并引导学生从多元历史观的角度来分析和解决历史问题。此外,多元史观对目前的历史高考试题产生了显著的影响。在新的高中历史教育课程中,建立多元史观并从这一视角分析历史事件已经变成了考生的基本技能。面对这种情况,教师应当从多种历史观点出发,对历史事件进行深入的分析和解读,以培养学生的全面历史思维和多维度的发散性思考。

3.角色体验法

在历史教学中,角色体验法的运用与"神入"的应用在理论层面上存在许多相似之处。"神入"也被称作"移情",它原本是心理学中的一个术语,描述的是一个人如何设想自己身处他人的情境,并对他人的情感、欲求、思维和行为有深入的理解。在历史的教学过程中,引入"神入"这一概念意味着学生需要置身于历史的发展背景中,从历史人物的视角去探索和研究历史。这意味着学生需要深入历史的对象中去思考和想象,从而在参与历史研究的过程中,消除他们与历史之间的时空隔阂。

除了这些,辩论活动也是历史教学中应当大力推崇的一种组织形式。历史课堂上的辩论式教学方式已经改变了学生被动地吸收知识的传统教学模式,也改变了学生仅仅机械地使用课本上已有的结论的情况。在这个学习过程里,我们应该让学生深刻地认识到合作与交流学习的重要性。最关键的一点是,这种辩论学习方式能够在学生的自主学习和团队合作交流中,进一步培养他们的独立思维、发散性思考和批判性思维的全面能力。

4.社会行动法

在充分利用校内历史课程资源的同时,学生生活环境周围的社区历史资源也是可以充分利用的。比如,少年宫中有关历史方面的参观活动。此外,还有社区中丰富的历史人力资源,如经历过特殊历史年代的老人;家庭中的历史资源,如家谱、不同历史年代的老照片、保存下来的历史实物以及家族长者对往事的回忆与记录。教师可以组织或者引导学生开展广泛的社会调查、小组活动等,让学生亲身实践,以获取多元化的历史认知。

同时,各种历史遗迹、博物馆、纪念馆以及蕴含丰富历史内容的人文景观和自然景观也是可以充分利用的历史课程资源,给学生直观的历史感受。历史课程的教学,因为时间和空间的制约,往往过于抽象。走近历史实体,全面利用实物资源,将历史课堂范围扩大化,更有利于培养学生的多元历史文化视角。

三、优化文艺史教学策略探究

(一)高中文艺史教学内容梳理

中华民族历史悠久,中国文化底蕴深厚,其中蕴含的文学艺术作品种类繁多,成就辉煌。历史教材涉及的中国文艺史内容时间跨度大、内容庞杂,具体可以归纳为以下内容。

1.中国古代文艺史

(1)造型艺术(书法、绘画)

书法和绘画艺术都是中华文明的重要组成部分,两者关系密切,自古以来就有"书画同源"的说法。中国书法和绘画强调以线条为表现形式,借助笔、墨、纸、砚等工具,在表现技法上相互融通,共同特征都突出表现在用笔上。中国书画艺术极具水准,带有独特的东方韵味,是世界艺术史上的一朵奇葩。教科书用两个子目分别介绍了中国书画,内容比较简明。

简单来说,书法是用来书写汉字的技巧。它采用汉字作为主要载体,利用文房四宝作为辅助工具,并通过线条来进行表达。自从汉字在中国出现,书法也随之诞生。书法,作为中国独特的民族文化遗产,是中华文化的一部分,它包含了深厚的文化意义和无尽的意境,与汉字的起源和演变有着紧密的联系。书法是一种历史悠久的艺术形式,它从甲骨文和金文发展到篆书和隶书,再进化到东汉和魏晋时期的草书、楷书和行书。汉字不仅记录了历史的演变,还以其独特的风格展示了中国文字的独特之美。书法不仅具备实际应用价值,同时也展现了艺术的魅力。在书法创作中,所使用的工具包括笔、墨、纸、砚。其中,毛笔尤为重要。历代的书法大师在他们的书写旅程中,都用笔墨创造了令人陶醉的意境,为每一笔每一画都注入了独特的意义,展现了一种与传统文化紧密相连的精神。"晋代的人重视韵律,唐代的人重视法律,宋代的人重视意境,元明的人更看重态度",通过追溯书法在千年间的演变,我们可以清楚地观察到各个时代风格的多样性。书法这门博大精深的艺术深深植根于中国的文化传统中。历代的艺术家们为我们留下的不只是艺术上的珍宝,更深层次的是他们所承载的文化价值、追求和对美的追求。当人们手持毛笔在纸上书写时,这一过程不仅反映了书法爱好者的生活体验、学术知识、个人修养和个性特点,还展示了中国传统文化的独特魅力。文字反映了内心的情感。换句话说,书法反映了一个人的精神世界。因此,在今天强调传统文化的背景下,书法艺术的重要性更为凸显。

我国的绘画传统具有深厚的历史背景。画家们从岩画、彩陶画和线刻画这几种艺术形式开始,经过不懈的探索和努力,逐步塑造出了具有鲜明民族特色、丰富多样的形式手法和独特的绘画美学体系,使其在全球绘画艺术领域中树立了独特的地位。中国画以"画为心声"为核心思想,这也是中国传统文化的一种重要体现。画作中所蕴含的审美情趣不仅反映了画家的个人情感和文化修养,同时也是时代变迁的见证者,进一步丰富了绘画艺术的内在意义和价值。

在先秦和两汉的时代,中国的传统绘画风格开始逐渐形成。在这一时期,国家实力强大,领土广大,民族之间的紧密交往和中外的互动也促进了艺术的交流,从而催生了绘画艺术的兴盛和发展。在魏晋南北朝的历史阶段,各个朝代的更迭非常频繁,思想和文化也相当活跃,这导致了绘画艺术的快速发展。在这个阶段,佛教的绘画艺术作为一个核心的艺术元素,不仅推动了绘画美学和技巧的创新,而且文人和士大夫阶层的参与也极大地提高了绘画艺术的品质。

(2)表演艺术(音乐、舞蹈)

表演艺术是通过人的表演(包括肢体动作、面部表情的变化)来展现生活的艺术,最典型的就是音乐和舞蹈。中国歌舞音乐将诗歌、音乐、舞蹈三者紧密结合,富有浓郁的民族特色。

从先秦时期发达的音乐艺术,如河南舞阳出土的骨笛、西安半坡遗址出土的陶埙、湖北随州曾侯乙墓出土的青铜编钟,讲到秦汉时期设立的乐府机构、形成的新的音乐形式——"相和歌""清商三调",再讲到东晋时期的"清商乐"、南北朝及隋唐时期的"燕乐",最后到明清时代中国音乐艺术的丰收,向人们呈现了中国古代音乐的杰出成就。但这一部分对教师的音乐素养要求较高,挑战不小。

自夏商时期产生以来,古典舞历经各个朝代,论述其华丽工整、注重技巧性和艺术性的特点。其次是民间舞,讲述了民间舞的发展历程,从新石器时代的狩猎舞到南北朝时期的胡舞,再到宋朝兴盛时代,讲述了民间舞反映大众生活及热烈情感的特点。不过,课程标准对音乐和舞蹈部分没有做具体要求,这就为教师的课堂教学提供了较大的操作空间。

(3)综合艺术(戏曲)

戏曲作为中国传统戏剧的一种表现形式,在中国艺术历史中具有不可替代的重要性。它凝聚了各种社会现象,作为中华民族历史、文化和社会的反映,是中国文化的一个重要组成部分,对中国的文化观念、道德品质、审美取向以及民间习俗都产生了深远的影响。它的起源可以追溯到原始的歌舞表演,是由民间的歌舞、说唱和滑稽戏融合而来,采用唱、念、做、打等多种艺术手法,构成了一种综合性的艺术形式。

(4)语言艺术(古典文学)

中国的古典文学深深植根于我们的民族文化之中,拥有丰富的历史和文化遗产,它在中国的传统文化中占据了无可替代的地位,并对全球文学产生了深远的影响。从春秋战国时期一直到清朝,中国的文学界涌现了众多的文学巨匠和经典之作,每一部都有其独特的优点和风格。通过研究这些代表性的文学作品,我们可以大致洞察古代中国在不同的时代和阶段所展现的文学特质,从而对中国古代文学的整体发展有更深入的了解。

中国古代文学的进步明显地体现了其继承性质。新的文学形式是在继承了过去优秀文学成就的基础上发展起来的,这也推动了中国古典文学的进步。例如,汉赋沿袭了先秦散文的良好传统,而明清时期的小说则是基于宋元话本进行的再创作。

"每一个时代都有其独特的文学作品。"特定的历史背景塑造了具有时代特色的文学表现,而文学的进步与经济的作用是分不开的。此外,中国古典文学在体裁、语言和句式上的演变,揭示了古代文学向平民化方向发展的趋势,这也满足了商品经济增长和市民社会不断壮大的需求。

综上所述,不难发现,从古到今中国文化的独特性和包容性都很明显。汉字、书法、绘画、音乐、舞蹈、中国戏曲、中国古典文学都属于文化范畴,却是文化的不同分支,彼此互不统属,各有各的发展历程。同时,它们也不断借鉴、不断创新,努力适应时代发展的要求。从历史教育的角度来说,在介绍古代中国不同时期的文艺成就时,我们不仅要重视其审美教育功能,更要注重文艺的爱国主义教育功能和自强不息的民族精神以及民族凝聚的教育功能。当然,要讲好中国古代文艺,需要历史教师具备丰厚的文学底蕴,唯其如此,才能厚积薄发。

2.世界文艺史

"19 世纪以来的世界文学艺术"部分着重介绍了 19 世纪以来的世界文学艺术的发展历程与成就。它对学生文化素质的提高,促进学生全面发展有着不可替代的作用。通过这一专题的学习,学生要能够掌握 19 世纪以来的世界文学、艺术、音乐、影视艺术的发展状况、突出成就和影响;了解相关流派产生和发展的时代背景,以及文学艺术未来的发展趋势。21 世纪,社会发展迅速,国际竞争日益激烈。国家间综合国力的竞争在本质上是人才的竞争,而人才的培养从根本上依靠教育的进步与发展。新课改正是适应了这样的要求。实践证明,加强学生的素质教育,对于培养适应 21 世纪需要的高素质人才具有重要意义。而这一专题的学习,对学生视野的开阔有着不可替代的作用。历史课程标准要求学生通过本模块的学习,认识人类思想文化发展的多样性,理解和尊重世界各地区、各国家、各民族的文化传统,增强对祖国传统文化的认同感,树立自觉传承祖国和人类思想文化遗产的意识。

(二)转变思想观念,提高重视程度

为了改变传统的思维方式并增强教师对文艺史教育的关注,我们应该从两个维度出发:首先是深刻理解文艺史的价值。在当前的美学领域,有这样一种深刻的观点:艺术的不被使用的用途被视为其主要用途。高中的文艺史教育在帮助学生深入掌握高中历史教材以及帮助他们建立正确的世界观、人生观和价值观方面具有不可忽视的价值。学习文艺史不只是为了满足考试,也是课程标准所强调的部分,并且有助于推动学校的素质教育进程和提升学生的整体素养。为了让教师在思维层面上深刻理解文艺史教学的价值,这一过程并不是短时间内就能完成的,必须实施相应的教学措施。在这个地方,学校的历史教研团队需要充分发挥其在指导教师方面的重要角色。例如,举办关于文艺历史教学重要性的研讨会,鼓励用文艺来引导整个历史学科的教学,并将文艺史的教学置于重要的位置。在实际的教学活动中,教师不仅是课堂的主导力量,更应该主动地引导学生改变应试教育的观念,使他们能够将学习焦点集中在文艺史的本质上,从而更加深刻地体验到文艺史所具有的独特魅力。从另一个角度看,我们需要改变对文艺史的教学理念。当教师意识到文艺史的价值时,应该主动地调整教学策略,确保在教学过程中,学生被置于中心位置,实现平等的互动和知识的共享。在高中的历史课程中,教育者需要将学生的兴趣作为教学的重点,并在教学过程中积极地引导他们思考各种问题,同时鼓励他们提出与众不同的观点。

在整个文艺史教学的过程中,教师要积极解放思想,从学生感兴趣的知识点、从系统性的文艺史知识入手进行教学,以平等的姿态与学生进行交流,鼓励学生发现问题、提出疑问,以获得更好的教学效果。教师提高了对文艺史教学的重视度,学生自然也会正视自己的学习,以一种全新的姿态面对高中文艺史的学习。

(三)加强文艺学习,提升教师素养

历史学科综合性强,与一定时期的经济、思想文化联系紧密,又涵盖了军事、自然等学科的进步与发展。所以,广大的历史教师要广泛阅读、博学强识,形成丰厚的文化底蕴。只有这样,才能在师生对话、课堂交流的过程中信手拈来、随机应变。因此,历史教师要阅读美学、艺术、文学、哲学等其他学科领域的书籍,掌握跨学科的知识,以便更好地传播知识。

当然,提升教师的文艺素养,并不单单依靠增加文艺书籍的阅读这一种方法,教师还可以通过观看电影和影评、欣赏文艺作品的方式来增加文艺底蕴。除此以外,教师还要有科学的文艺评论方法、合理的文艺观点和文艺评论。

(四)活化书本内容,重组教学资源

在现代新媒体时代,教学资源可通过多种信息渠道获得,给教师和学生都带来了极大的方便。所以,教师应对教材内容进行整合和系统性设计。

在教学中,教师可将分散于"古代中国的科学技术与文化""现代中国的文化与科技""19世纪以来的文学艺术"中的文艺史内容整合起来,不再依照教材所设计的章节顺序逐一进行教学,而是将文艺史作为一个整体,进行系统性的教学。历史教研组可以就文艺史内容进行一个系统的

教案设计,按照从中国古代文艺史到中国近现代文艺史再到世界文艺史的顺序来整合,重新设置教学目标,并将教学中的难点和重点、容易引起学生兴趣的地方分别做重要标识,或整合单课内容,打破按部就班的教材顺序。

教师应提升自身的专业知识技能,加强历史教学的综合能力。例如,对于交叉学科知识,如文学、书法、绘画、戏曲、音乐艺术、舞蹈等各类艺术的专业知识,应该加深了解,这样才能在教学过程中对一些晦涩难懂的专业名词进行生动详细的解释,才能帮助学生更扎实地、更系统地掌握文艺史。学生则应该加强自身的历史知识储备。学生要通晓文艺史并不能仅仅依靠教材和教师,并不能仅仅限于课堂学习。在课后,学生更要进行历史知识的补充,进行更深入的学习,更应真切地去感受教材所涉及的文艺作品,这些对于系统化文艺史知识的掌握是必不可少的。对于文艺史教材所忽略的细节,教师可以通俗易懂的文字解释列于 PPT 课件上,以便学生一目了然,不再存留疑惑。对于教学中所缺少的材料,教师可以通过新媒体渠道挖掘各种文字、图片、音频、视频等形式的课程资源,补充到教学当中,让学生在学习教材的基础上,加深对文艺史教材内容的理解,增强学习兴趣。

(五)强化人文素材,凸显价值引领

历史作为"经世致用"之学,其与生俱来的鼓舞、教育作用,能振奋民族精神,陶冶民族情操,文艺史也不例外。充分挖掘文艺史的精神价值,能够提升历史课堂的品位,对学生的世界观、人生观和价值观的塑造也都有着重要意义。在实际教学中,教师要学会落实情感态度与价值观目标。

第一,教师要有明确的价值引领意识。新课改提出了情感态度与价值观目标,进一步明确了历史教育的使命和功能——历史教育要在体现国家意志的同时关注学生的成长。文艺史包含着丰富的育人资源,历史教师有责任且有义务通过这些素材去培养学生良好的品格、坚定的意志、高尚的审美情趣等。

第二,教师要善于发掘教材中的人文素材,适时引导学生进行审美体验。审美体验是指在文艺作品中收获美感,高中文艺史的教材内容广泛地对世界优秀艺术作品进行了举例介绍。审美体验目标要求下的高中文艺史教学过程则感受到美丽的呼唤,教师在看待文艺史内容上应以审美的态度进行教学,善于引导学生把应试的学习思维转换为审美的学习思维,放到文艺作品本身的美之上。教师要适时地引导学生领悟此图和此话交织所具有的美学意蕴:其画和文字的表露中都体现着人对美好未来的追求和向往。这样,学生便能逐渐认识到文艺作品在美丽的外表下所具有的深刻美学含义,从审美角度领会文艺史的魅力所在。

第三,教师要充分利用艺术作品中的人文因素,提升学生修养。人文精神对于学生的精神成长有着不可忽视的作用。个人精神境界的培养应来源于其所阅读的书籍、所欣赏的艺术作品,也就是指生活的文艺环境。在高中文艺史的学习当中,学生能了解到什么样的文艺作品是优秀的作品、什么样的文艺作品是民族文化瑰宝,随后他们以此为参照,在他们的课后生活中,根据如上参照选择一个真正优秀而高尚的文艺环境,进而树立个人精神追求。中华民族传统高尚美德集中体现在高中文艺史当中,无论是哪一位艺术家,其个人道德水准都尽显于他们的艺术作品当中。所以,教师在文艺史教学中要充分发掘其中所蕴含的人文因素,使文艺史在学生修养提升、社会责任感增强的过程中起到"润物细无声"的效果。

(六)设计适宜活动,鼓励学生体验

历史教科书有时仅仅是对事实的描述,而并未给予相关的帮助。这意味着教师需要对教材中的内容进行适当的调整和处理,从而制定出有效的课堂教学策略。新的课程标准为教学活动提供了一系列建议,这些建议涵盖了从社会生活中收集案例、组织研讨会、进行调研、组织文艺作品的欣赏活动以及组织主题性的班级会议等方面。这些建议是以教材为核心,紧贴学生的实际情况,让学生在体验、合作、交流的过程中学习历史,有助于改变学生的学习方式,有助于提高学生的综合能力。那么,我们应该如何开展真正有效的活动呢？

首先，活动设计应以生活化的观念为指导。"以生活为导向，以社会为中心"是新课程改革所强调的核心要点之一。尽管在历史进程中，某些特定的文艺形式可能会发生变化，但它与我们的日常生活仍然紧密相连。在文艺史的教材中，有很多与日常生活息息相关的部分。为了帮助学生更轻松地掌握历史知识并感受到文艺知识的实用性，教师应该从这些内容中筛选出与生活息息相关的部分。以中国古代的文艺历史为例，当提及宋代的绘画，北宋的张择端在其作品《清明上河图》中便融入了与日常生活紧密相连的元素，例如图中的具体细节。在教师的指导之下，学生可以通过放大的图片来识别图片中店主的姓氏，并通过招牌和幌子来了解每家店铺的运营情况。此外，教师也有能力通过提出问题来引导学生理解这些信息所能揭示的内容。经过深入的思考，学生们可以了解到，在北宋时代，人们已经开始在街道上开设商铺，而招牌则是广告的原始原型。这不仅是经济繁荣的象征，也反映了传统思维方式（例如经营策略）的转变。在这种教学模式下，学生在挖掘、思考和分析信息方面的能力都得到了显著提升，而且还以一种更能激发学生兴趣的方式获取了知识。

其次，基于文艺作品研读进行活动设计。高中文艺史教学是从历史的角度看文艺，从文艺的角度看历史。简而言之，就是高中文艺史课堂需要欣赏文艺作品。这就要求教师要按照接受性与探究性相结合的原则精选感性材料，让学生体会文艺的魅力，实现学习过程的主动构建。

文艺史这部分内容涉及的领域广泛，包含文学、音乐、美术等，富含大量的教学资源，直观、形象是它们的共性特征，这就使得文艺史在陶冶人的性情方面有着天然的优势。所以，教师可以在分析学生学习基础、学习心理的前提下精选文艺作品，设计合理的探究活动，让学生感受文艺的魅力、接受文艺的洗礼，从而提高文化素质和人文情怀。

高中历史教师专业素养构成与提升

第一节　教师在历史教学中的作用与地位

教师和学生一样,都是教学活动的重要参与者之一,但同时,教师也扮演着独特的主导角色。教师在教育过程中所扮演的角色和重要性是显而易见的。

在社会经济和科技持续进步与创新的背景下,教师行业的进步与变革正面临着前所未有的机会与考验。随着教育改革的持续进行和深化,教学方式也经历了新的变革。为了适应这种变化,教师需要掌握新的知识和技能。这就意味着教师需要更新他们对教学的看法,与时代同步,改变他们的课程和教学观念,同时也要重新定义他们的角色,明确他们在教学中的地位,并进一步加强和丰富他们的教学作用,以确保获得更出色的教学成果。

更具体地说,历史教学中的教学角色和地位都是至关重要的,可以从以下几个方面来体现这一点。

一、学生学习和发展的促进者、引导者

在传统的教师教学中,知识的传播被视为核心,而在这一过程中,教师的角色更像是知识的所有者和传播者。然而,在知识经济的大背景之下,网络技术的普及导致了学习方法的巨大转变。学生对网络学习的便捷性、开放性和信息的多样性越来越感兴趣和依赖,这进一步减少了学生

对教师的依赖,使得学生获取知识的渠道和来源变得更加多样化,不再仅仅依赖于单一的教师;此外,终身学习的观念已经被提出,这进一步拓宽了教育的边界,无论是从内涵还是外延来看,都得到了体现。传统的教学方法和模式已经不能满足现代教学的需求,因此,教授学生有效的学习方法成为了现代教学的核心任务。为了更好地适应新课程和课堂教学改革的需求,教师需要进行角色的转变,这意味着他们需要从仅仅是知识的传递者,转变为学生学习和成长的推动者和指导者。

在历史的教学活动中,教师不仅是学生学习和成长的推动者和指导者,他们还为学生的学习提供帮助和服务。教师需要密切关注学生的需求,努力激发学生的学习积极性和主动性,使他们认识到自己在历史学习过程中的核心地位。同时,教师还应在学生的具体历史学习过程中发挥一定的辅助作用,例如明确学习和发展的目标,帮助学生掌握科学的学习方法,以及帮助学生发现自身的潜能等方面。这样,每一个学生都能得到适合他们特点的教学帮助,最大限度地发挥每个学生的潜能,从而实现个性化的发展。

在历史的教学过程中,作为学生学习与成长的推动者和指导者,教师需要特别关注以下几个关键领域。

(一)利用各种不同的激励策略,可以有效地激发学生的学习热情

学生能够在历史学习中积极参与,很大程度上与他们的内在动力有关。这主要体现在他们强烈的学习动机和积极的学习态度上。对教师而言,他们应该创造多样化的教学环境,并运用各种激励、激励和赏识手段,以充分激发学生的学习积极性。这样,学生就能最大限度地保持在一个积极主动的学习状态中,进行主动的思考和探索,从而在自主学习的过程中实现身心的全面健康发展。

(二)积极地为学生提供指导,帮助他们养成优良的学习态度,并确保他们在学习方法和策略上都能娴熟运用

对学生而言,良好的学习习惯和科学的学习方法是他们终身学习的

基础知识和技能。在历史教学过程中,教师不仅要帮助学生建立合理的知识结构,而且还要确保学生能够熟练掌握学习方法,并能够创造性地运用这些方法。对于学生来说,这将极大地促进他们在未来职业生涯中的持续学习和创新能力。

(三)在教授历史的过程中,我们应该对学生的学习进行主动的指导

此目的是让学生能够独立地识别问题,并有效地利用各类参考书籍、参考资料以及网络资源,从而对他们在学习过程中遇到的难题给予独立的解决方案。

(四)建立一个支持性的宽松的学习氛围

研究发现,学生潜能的开发与挖掘都是在心理安全和心理自由的基础上实现的。因此,教师必须努力创建一个具有接纳、理解、鼓励等特点的课堂教学氛围,通过支持、鼓励、赞许等肯定性的评价,来对学生在课堂上思维更加活跃、行动更加果敢、探索热情更加高涨起到促进作用。

二、教学资源的开发者、设计者

根据现代课程理论,课堂教学是一个由教师、学生、教材、教学工具和方法等多种资源组成的复杂体系。在这个体系中,既有预设的资源,也有生成性的资源,既有静态的资源,也有动态的资源。这充分展示了教师在课堂教学中的核心地位,他们根据课程目标,合理地开发、挖掘和整合了校内外的各种教学资源,实现了资源之间的无缝连接和有机融合。这不仅丰富了课程和教材的内容,还确保了课程内容与学生的日常生活、现代社会和科技进步紧密相连,使课堂教学始终充满活力和生机。

在当代的历史教育实践中,作为教学资源的创造者和策划者,教师需要特别关注以下几个关键领域。

(一)转变旧有观念,不断更新知识,使自身的课程理论素养得到有效提升

教师要主动关注新的发展趋势,并且对新的课程理念和课程理论的

宏观发展趋势进行积极研究,在课程意识和参与意识方面有所增强,加强各个层次的课程知识,改变课堂教学的实施以及良好师生关系的保持。

(二)要从学生的实际出发,来创造性地理解和使用教材

教材是教师实施历史课程教学的重要工具,因此,教师首先要根据学生的具体情况来选择与之相适应的教材,并且充分发挥自身的优势,更换教学内容、调整教学进度、整合教学内容等,从而使课程内容的针对性、趣味性更加显著,进而保证课堂教学的生机和活力以及良好的教学效果。

(三)进一步挖掘和开发学校内外的教学资源,并最大化地利用它们,确保学生的多元化发展需求得到最大限度的满足

教材为教师提供了一个宝贵的挖掘和应用资源。除此之外,教师还需要积极地寻找、识别并利用学校及其周边社区的教学资源,以开发具有本土特色、乡土气息和学校特色的课程,从而使学校的课程内容更为丰富和多样,同时也能促进学生个性化的成长和发展。

三、课堂教学的组织者、策划者

在传统教学模式中,教师通常充当课堂教学的主导者和指导者,与学生之间存在明确的界限。教师是居高临下地发布命令和传递知识的人,而学生则只能无条件地遵从,这充分展示了教师权威性的重要性。然而,现代新课程理念的核心理念是"以生为本",这充分体现了现代历史课堂的开放性、交互性、生成性特点。在课堂上,师生之间进行的是多向、开放、动态的对话交流,"不确定性"和"生成性"的出现概率更高,这将师生的关系放在了一个相对平等的位置上,课堂"活"而不乱、"动"却有序。显然,教师的角色已经发生了显著的变化,他们现在是课堂教学的组织者和策划者。他们主要通过创造一个积极的学习氛围,组织各种丰富多彩的教学活动,并将这些活动与学生的实际情况相结合,来掌握课堂教学的进度。他们为学生创造了一个有利于探索和交流的环境,引导学生主动参与学习活动,使学生在师生、生生之间的积极互动和民主、和谐的氛围中

愉快地学习。

在现代课堂教学中,教师作为组织者、策划者,需要对以下两个方面的事项加以注意:

第一,以教学目标的要求和学生的实际水平及需求为主要依据,设计、组织、安排丰富多彩、合理有效的教学内容和教学活动,并以饱满的热情和情感去营造积极的学习氛围,引导学生主动参与到学习活动中来。

第二,教师是课堂教学的组织者、策划者,要充分发挥其课堂组织和调控能力,有效组织课堂教学的各个环节,实现对课堂上人、课程、手段、活动、时间、空间及目标等资源的有效调节和运用,使课堂教学的各个环节有序展开,真正实现整个课堂"活"而不乱、"动"却有序。

四、教与学的合作者

现代课程理论认为,课堂本身是作为一个系统存在的,且其具有显著的开放性特点,课堂教学是教师们在分工的基础上合作,并通过师生的交互作用实现共同成长的过程。这也就意味着平等对话,意味着共同参与。因此,教师的角色已经转变为"平等中的首席"。教师要认识到,自己和学生一样也是学习者,这种合作关系不仅是指教师之间,也指师生之间。

教师作为教与学的合作者,需要对以下几个方面的事项加以注意。

(一)要对教师之间的合作加以重视

教师的工作,从自身来说具有个体性特点;而从整体上来说,其又具有集体性特点。教师只有做好相互的交流和沟通工作,与其他教师做好教学工作上的配合,才能促使各个学科都获得良好的教学成果,对于历史教师来说也是如此。教师之间相互尊重、相互学习,形成一个团结、合作、互助的教师集体,在促进教学和教育方面都具有非常重要的作用和意义。

(二)与学生之间形成合作的关系

在现代的课程教学中,教师需要走出教室,成为教学过程中的一名普通成员。他们应该深入学生的内心,与他们共同探索新的知识、研究新的问题,分享学生的学习乐趣,并成为真正理解学生观点、思维和情感特质的重要参与者。

(三)加强与家长形成良好的合作与沟通关系

除了学校和教师外,家长对学生的成长也持有高度的关心,这意味着教师和家长之间需要维持紧密的沟通与协作。只有这样,我们才能更有效地整合学校内外的教育资源,形成一个强大的"合力",从而更好地推动学生的全面发展。更明确地说,教师需要与学生的家长建立稳固的合作伙伴关系,并且应当尊重家长,真诚地听取他们的教育建议;除了这些,教师还需要与学生的家长保持持续和紧密的沟通,通过主动的交流和沟通,确保家长在教育方法和要求上与学校保持一致。

五、教与学的研究者

随着教育改革和发展的推进,教师面临着新的挑战和需求。他们有可能成为更加专注于研究的"专家型"教师,这不仅对他们的教学活动有积极的推动作用,还能从研究者的角度审视和分析教学理论和实践中存在的各种问题,反思自己的教学行为,探究出现的问题,总结积累的经验,并最终形成一种规律性的认识。

在现代教学活动中,教师作为教与学的研究者,需要对以下几个方面的事项加以注意。

(一)在对教学的反思上,我们需要进一步强化

教学反思实质上是一种教师对其职业行为进行深入思考的活动。根据教学流程的不同,教学反思可以被划分为教学开始前、教学进行中以及教学结束后这三个不同的阶段。每个阶段的反思都有其独特的目标和含义。教师在进行教学反思时的主动性,可以增强教师的自我反思意识和自我监督能力,从而有效地推动教师的职业发展。

(二)基于真实的教学环境,推动行动研究的深入进行

教育和教学中的问题既具有强烈的实践性也具有强烈的情境性。在

实际的教学过程中,教师经常面临各种新的挑战。因此,教师需要深入教育和教学的实际情境中,仔细观察、反思、研究和实践,从而制定出合适的教学策略,以科学和合理的方式解决教学中遇到的实际问题。

第二节　高中历史教师专业素养构成

高中历史教师作为教育者,首先需要拥有一个合格教师所应具备的基础能力,并在此之上,还需拥有历史领域的深厚专业知识。关于高中历史教师素养能力的理解和认识,不同学者有不同的理解。比如,以相关文件作为重要依据,对高中历史教师的专业核心能力进行梳理与归纳为五个维度,即教学设计、课程资源开发、教学实施、教学评价、自我发展五项基本能力。

一、人格素养

对教师而言,人格修养是最根本的品质,只有当教师不仅拥有出色的人格修养,还具备高度的知识和技能素养时,他们才能被认为是合格的教育者。

(一)性格开朗

一般来说,学生们更倾向于喜欢那些性格阳光、友善的教师,而不是那些过于严肃和刻板的老师。学习历史通常是一个相对枯燥的过程。因此,具有开朗、亲切和温柔性格的历史教师,在教学活动中能为学生带来一定程度的乐趣,活跃课堂氛围,并能有效地激发学生对历史学科的学习热情。通常来说,这样的教学成果也是相当令人满意的。

(二)关心学生

学生在学习的旅程中,都渴望得到教师的关心和照顾,这是所有学生的共同愿望,他们都希望遇到的历史教师是关心和爱护他们的。因此,在进行日常教学活动时,历史教师应始终保持对学生的关心,并与他们进行深入的交流。

(三)认真负责

与一些主科教师相比,历史教师的时间相对而言比较充裕。这也就为历史教师认真地批改作业提供了足够的时间和精力,相比较最后的分数和对错而言,学生更加在意教师做的批注。

(四)重视德育

在历史教学中,教师要对学生的人格和道德品质进行相关教育。针对不同的学生,教师可以借鉴历史中不同的实例来对其进行引导和教育。

(五)公平公正

学生之间的差距是必然存在的,公平公正就是要求历史教师对后进生和优等生有一视同仁的态度,要保证优等生继续保持良好的学习状态,而进一步督促后进生努力跟进,并且给予积极的鼓励,尽可能地少用打击和批评。

二、专业知识素养

随着时代进步和教育观念的持续刷新,历史教育者需要不断地丰富自己的知识储备。除了要掌握教材和教学大纲所规定的各个知识点外,他们还需要持续地学习和建立正确的历史观念。这不仅包括"全球史观""文明史观""生态史观"和"近现代史观",还应涵盖"发展史观"和"纵横史观"。

学生们期望能够掌握既实用又具有思考性的教学材料。关于背诵和记忆的结论性历史知识对学生未来发展的实际应用价值,这是一个亟待解决的问题。历史知识的最大价值在于其启示性和可思考性,它鼓励学生去记住已经得出的结论和评价。但对学生而言,记住这些结论并没有足够的思考空间。因此,历史教师需要根据学生的实际需求来不断地丰富他们的教学材料,更加重视那些能够激发学生思考和启示他们的教学内容,以便激发学生的思维活力,并为他们提供启示。

历史教师还要进一步拓展自己的知识面,不仅仅要掌握扎实的历史学知识,还需要掌握政治学、地理学、文学、考古学、数学,甚至天文学等相关的知识。除此之外,教师还要引导学生对相关历史事件进行反思,让学生了解这一历史事件的成功之处和不足,并启发学生说出自己的看法。可见,要想达到良好的教学效果,历史教师需要博览群书,厚积薄发。

三、教学能力素养

历史教师的教学能力素养,是其专业素养的核心部分,具体可以从以下几个方面加以论述。

(一)思维开阔

学生们期望历史课不仅内容丰富、生动,还具有深刻的思考和启示作用。教授历史的老师在持续的教学活动中,应当充分展现历史的人文精神和启示作用。

(二)有趣味性

教授历史的老师需要巧妙地转变学生的观念,运用创新和参与性强的授课方法,确保学生在参与的过程中获得新的启示和知识。

(三)教学方法多样

在进行历史教学时,我们需要采纳各种不同的教学策略,这样才能为学生提供一个内容丰富、形式多样的历史课堂。在新时代的大背景之下,历史教师需要坚定地将阅读与思考相结合、学习与实践相融合、工作与研究同等重视的教学方法和态度,这样才能在教育教学、教学研究和教学管理等多个方面获得实质性的成果。教授历史的老师可以运用历史情境的教学方法,构建真实的历史场景,使学生能够身临其境地体验那个时代的历史背景,并深入地思考历史议题;此外,还可以采用历史叙述的方法,通过讲述历史的小故事和事件,来吸引学生的目光并激发他们的思考。

(四)发挥导向作用

在历史教学中,教师应该科学地指导学生的业余辅导,还有学习方法指导、做题方法指导、生活方式指导、情感价值指导,将其自身的指导作用充分发挥出来。

第三节　高中历史教师专业素养提升路径

一、提升历史教师人格素养的途径

(一)热爱历史教学

在高中阶段,历史课所占的时间相对比较少,历史教师在备课、批改作业和制作课件等方面都有较为充足的时间,同时也有一定的时间去进行知识的充实和能力的提升。

从新课程改革的要求上来说,历史教师应该以认真负责的态度对待自己的工作,对待自己的学科,对待自己的学生。

(二)尊重学生,平等对待学生

历史教师要不断提高自身修养和个人魅力,不能只会教书不会育人。高中生处于情感敏感时期,有很多的思考和情感上的困惑,希望历史教师能够和学生处于平等的地位,促进两者之间的交流,对学生持尊重态度。

(三)有效沟通,宽容理解学生

在教学活动中,学生对教师的期望体现在教师能够持有积极正面的教学态度,并期望与学生之间的关系和谐,以及教学环境的优良。不可否认,在教学活动中,教师与学生之间的互动能力比历史教学能力的重要性更为突出,这是历史教育者需要特别关注的方面。目前,师生之间的关系已经变成了一个备受关注的议题,师生之间的矛盾也日益凸显。因此,这意味着教师们需要学习站在他人的角度思考问题,给予更多的尊重和信赖,距离并不总是带来美好,教师与学生之间应该加强沟通。为了实现这个目标,我们可以从几个关键领域开始:第一,在学生遇到困难和问题时,能仔细聆听学生的需求,并适当给予一定的关怀和帮助。第二,对学生的意愿持尊重态度。第三,不歧视犯错的学生。第四,给犯错的学生改正的机会。第五,在处理学生之间的矛盾时能做到公平、公正。

二、提升历史知识素养的途径

(一)了解历史,研究历史

高中历史教师要想在知识素养上有所提升,最重要、最有效的途径就是不停地学习。历史知识更新速度比其他学科知识的更新速度要更快。因此,高中历史教师要不断关注学术动态,不断学习、读书充实自己知识储备,培养终身学习的习惯。

历史知识不会变,但对历史的评价和研究在变。因此,历史教师必须运用现代观念去再读中国通史、世界通史、断代史、别史、古汉语以及史学理论等历史书籍。

(二)勤于思考,丰富学识

历史教师应熟读历史、了解历史、有正确历史思维与价值观,在此基础上,还应钻研历史,获取史学研究的最新成果。历史教师可订阅各种历史教育教学杂志,及时了解史学研究的最新动态、研究信息,只有这样才能在课堂上旁征博引,激活课堂。

在这个知识迅速增长的终身学习时代,真正关键的不仅仅是知识的累积,更重要的是掌握和学习如何有效地获取和掌握这些知识的技巧和能力。为了更好地满足学生的学习需求和促进他们的个人成长,教师在专业知识上的进步不应局限于历史学科,还应涵盖其他相关学科的知识,例如地理学和考古学。除了这些,坚实的心理学基础也是优秀教育素质的具体表现。因此,只有当高中历史教师持续地学习教育心理学,他们才能为高中历史的教学打下稳固的基石。

简言之,高中历史老师需要持续地学习、深入思考并付诸实践。他们不仅要努力学习,还要紧跟时代步伐,这样才能不断地提升和发展自己,从而肩负起为国家培养合格继任者的重任。

三、提升历史教学能力的途径

历史教学的成效不仅与学生作为教学主体有关,同时也与教师的专业技能有关,也就是说,历史教师的教学水平是如何的。因此,提高高中历史老师的授课技巧变得尤为关键,具体的提高方法可以从以下几个角度来看。

(一)树立正确的学生观和先进的教学理念

学生会受到教师很多方面的影响,而对学生影响最大的是教师的教学理念和教学思想。对于历史教师来说,其本身所具有的教学思想和教学理念,会在其教学过程中不断地渗透出来,对学生产生潜移默化的影响,而这种润物细无声的影响所产生的力量是非常强大的,且影响的持续性和稳固性非常强,很难发生改变。因此,这就要求历史教师首先要从自身出发,建立良好的教学理念和教学思想,对学生产生积极影响。

(二)不断提升信息技术水平,高效开发课程资源

如今,在历史教育领域,信息技术的应用变得日益普遍,这种技术作为辅助工具是不可或缺的,其带来的影响不容小觑。在现代的历史教育中,我们所追求的不只是传统的教材、教学参考资料和教学挂图等辅助工具。新的课程改革对这一点提出了更新的标准,那就是课程资源应涵盖社会生活的各个方面,而教材仅仅是知识点,不应被视为唯一的教学资源。因此,对于从事历史教育的教师而言,创建一个课程资源的数据库是非常必要的。历史学科所提供的素材种类繁多,无论是历史照片、电影和电视作品、考古发现,还是相关的历史资料和遗迹,它们都是宝贵的历史教学资源,是历史教育过程中永远不会耗尽的资源。考虑到这一点,我们需要持续地提高我们的信息技术能力,这样,我们才能利用网络来积累课程资源,进而改变传统的历史教学方式,从而提高我们的教学质量。

(三)提升历史教学内容的丰富性

1.充分利用当前史学研究成果,给学生耳目一新的感觉

对于之前没有听过的新命题,学生学习的认真程度会提高。历史课

程仍然需要一定的趣味性,这种趣味性不能是简单的故事式历史情节,高中生需要在历史学习中进行思考,体味思维带来的成就感和乐趣,具有较强的实用性和现实性才能激发学生的兴趣。这就要求高中历史教师在教学过程中,不仅要重视趣味性,还要重视历史知识的逻辑性和规律性。

2.增加历史与生活的联系性

为了激发并提高学生对高中历史的兴趣,我们需要在教学内容中增加趣味性,这样可以有效地缓解课堂的沉闷氛围,并帮助学生更深入地理解历史知识。对学生来说,他们所关心的不只是历史的有趣之处,还包括历史与现实的紧密联系。通过加强历史与日常生活的紧密联系,我们希望学生能够真切地体验到"以历史为参考"的启示和学习价值。

3.坚持反思,不断提高教学艺术水平

高中历史教育的真正魅力在于,教师可以生动地呈现历史场景,激发学生对历史学习的热情,并在这一过程中帮助他们掌握相关的历史知识。教学艺术在多个方面都得到了体现,例如,扎实的教学基本功不仅涵盖了优美的板书、漂亮的绘画、庄重大方的仪态、准确、清晰的表达,还包括坚持写教学反思、教育心得,从而形成个人的教学思想和教学经验。例如:多样化的课堂教学方法主要包括有组织的教学、引入新的课程内容、捕获生态资源、运用语言的艺术、提问的艺术等;全面的课前准备工作主要涵盖了深入研究教材、掌握学生的学习状况、思考教学方法以及准备教学辅助工具;掌握课堂的技巧包括如何科学地处理课堂上的信息、如何激发学生的学习热情、如何回应课堂上的反馈、如何应对突发事件以及如何管理自己的情绪等方面。

(四)保证运用教学方法的多样性

史料教学,是历史教学中所采用的最直接有效的教学方法,历史教师要注重史料在课堂上的运用,以此来对学生的逻辑性和严谨性进行培养和提升。史料的多样性也为历史教学提供了多种多样的证据,历史教师可以从不同的角度选择史料进行对比论证,使自己的结论更加有说服力。

史料教学,已经成为现代教学研究的热门话题,学术界也不断涌现了大量的优秀研究成果,在历史教学中运用史料教学,能够使教学内容更加充实有说服力,培养学生学习兴趣、分析问题的能力,培养科学的历史思维。可以说,多角度地选取史料,正反史料对比分析才更加具有说服力。历史教师要尽力做到论从史出,史论结合,没有证据就不要给出结论,而这也是当前历史教师做得还不够理想的地方。

四、提升历史教师素养的其他保障

为了确保教师工作的流畅进行,我们必须为他们营造一个积极的社会氛围。当教师不再有任何担忧时,他们可以毫无保留地投身于自己深爱的职业中。如果我们想要提高历史教师的职业能力,首先需要在多个领域提供充足的支持和保障。

(一)建立和完善学生参与的历史教师评价机制

对于教师的评估,通常涵盖了上级、平级和下级三种评价方式。更具体地说,这包括学校对教师的评价、教师对教师的评价,以及学生对教师的评价。因此,为了激励教师更加积极地为学生提供服务并考虑学生的需求,我们必须构建一个合适的评估体系。学校需要持续优化对教师的评估机制,其中大部分教师是从公开课或领导的教学成果中来评价历史教师的教学能力。

总体而言,构建和优化学生参与度的评估体系是极其关键和必需的。此外,我们还强调评价的途径和方法应当尽量多样化。

(二)提高历史教师福利待遇

为了让历史教师能够全身心地投入到教学活动中,有必要通过提升薪资水平和增强教师的物质条件以及职业满足感来实现这一目标。此外,对各级政府、教育机构和社会而言,他们仅仅期望教师能在背后默默付出,然而,教师同样是社会的一部分,存在着基础的需求。因此,有必要提升教师的薪资水平,增强教师对自己职业的认同感,并激发他们对所在行业的热情。

（三）完善教育法律法规，使学生和教师的合法权利得到保护

教育工作者需要高度重视自身的安全与权益，与此同时，相关机构也应在法律和法规上尽其所能进行完善。学校及其相关的教育机构也应当积极地为教师提供更多的学习机遇，确保教师能够参与其中，这样可以有效地提高教师的专业能力和职业修养，并确保历史教师与其他学科的教师一样，都能享受到进一步学习、交流和学习的机会。

第四节　高中历史教学反思

一、历史教学反思的意义

历史教学反思产生的价值和意义，在历史教学过程中的各个因素上有所体现。

（一）有助于历史学科高效教学的实现

20 世纪中叶，有效教学的概念被提出，并且迅速深入人心，随即就有相关著作对有效教学的基本情况，以及有效教师的基本素质和基本技能进行了阐述。

人们普遍认为，历史教育是一门科学，其在教学方法上也是与其他学科不同的。目前，很多教师在实践中也在研究和建设有效课堂，总结出了一些卓有成效的方法，这些方法如果不加以思考，可能会仅仅停留在浅层次的经验上，当教学中出现新情况、新问题时，所采用的解决方案往往并不能取得理想的解决效果。因此，这就要求把教学反思理念引入有效教学中，通过"对思考的深入思考"，充分认识、掌握历史教学的科学基础和科学研究方法，并将其运用到历史课堂教学中，实现有效和高效。

（二）促进历史教师专业化成长

随着教育形势的变化和历史课程改革的进行，历史教师为了与之相适应，就必须不断提升自身的专业技能和水平，达到这一目标，可以借助

的途径有专业培训、教师自觉进行教学反思。

从实质上来说,教学反思就是实践认识论的体现,它使教师从经验型实践者逐步转变为专家型实践者。当教师的思考出现困难时,必然会寻求理论帮助,这样,教学反思对教师提升的促进,在技能以及理论素养方面都有所体现,由此,教师的专业成长进入良性循环状态,通过教学反思这种重要手段,教师也就自然变成了反思型教师。

(三)为学生成长提供最大限度的帮助

教师扮演着教学反思的执行者角色。教学反思在表面上意味着教师的专业素养有所提升,这种专业素养的增强将对教师的教学设计和实践能力产生积极的推动作用,从而促使课堂教学得到相应的改进。无论教学设计是何种形式,它始终以学生为起点和终点,而在课堂实践中,学生始终是教学设计的中心,评估教学设计效果的关键依然是学生本身。因此,提高历史教学的反思能力,可以帮助教师从学生的历史学习角度出发,对教学设计和实践的每一个环节进行理性的思考,这对学生的学习和成长是非常有益的。

二、高中历史教学反思的基本原则

(一)科学性原则

在对教学进行反思的过程中,科学性原则的形成是基于我们对历史教学本质上是在科学进程中得以实现的深入理解。在确定历史教学内容时,科学性原则被视为最核心的准则,这一点是不容置疑的。我们不能随意地进行编写,必须在课程标准的指导下,确保与历史学、教育学和心理学的科学原则保持一致。

在执行高中历史教学时,我们必须始终坚守科学性的原则。这一原则在确定教学目标、选择教学策略、规划教学环节和进行教学评估时都应得到充分体现,并确保与学生的心理和年龄特点相一致。当我们采用科学的设计策略和教学流程时,我们才能为达到教学目的创造必要的基础,并依据科学的方法对教学进行评估,确保教学过程得到及时的反馈和完善。

(二)有效性原则

教学反思的核心目标之一是对教学方法进行优化。通过反复的"实践—反思—实践"流程,我们可以淘汰那些低效和无效的教学环节,进而探索和完善更为高效和有效的教学策略,确保教学过程的有效性和高效性得以体现。在进行教学反思时,必须严格遵守有效性的原则。

我们可以认为,有效性原则是一个全面的教学原则,但是,只有当我们注意到各个环节的有效性时,我们才能实现整体的有效性。在进行历史教学的反思时,我们需要将其与高中历史新课程改革的核心理念以及当前高中历史教学中普遍存在的问题相结合,并从多个角度深入探讨有效性原则。

第一,要兼顾师生双方,反思是否实现了教师"会教"和学生"会学"。

第二,反思教学环境。反思的着眼点为"软件"和"硬件"两个方面。"软件"是指良好的学习氛围,而"硬件"则是指教学媒体等硬件的多样化和对不同历史学习内容的针对性。

第三,重视学习过程。让学生在学习过程中能够获取知识和能力,以及从历史学习中迁移出来的基本方法和有助于个体成长的人生理念。

(三)特殊性原则

学科教学在反思要求与做法上通常是相同的,但是,由于学科特点和学生、学段的不同,历史学科教学反思也就赋予了自身一定的显著特点,即特殊性原则。

历史学科本身就具有显著的过去性、具体性、时序性、因果性等特点。如果要进行相关的教学设计,就必须采用多种方法创设新情境,帮助学生克服过去性特点带来的学习困难。同时,强调论从史出,通过历史文献等学习资源的解读,总结历史发展规律,历史学科以其独特的人文色彩和教育功能,帮助学生观察社会和提供生活借鉴,实现知识迁移。因此,基于历史教学设计的反思必然涉及以上方面,呈现的反思内容、重点和方法也是与其他学科有所差别的。

(四)批判性原则

这里对"批判"的理解,与"审视"较为相近。具体来说,是指通过对反思内容的逐一思考、分析,做出科学评判,保留积极有效的部分,从而使教学设计逐渐趋于完善。

成熟的教学策略对于教学任务的完成是有所助益的,而教学策略不可能一蹴而就,需要反复论证。批判性原则中,既有审视的部分,也有判断的部分,这两方面都属于其内涵的范畴。当我们带着客观态度,根据教学设计的科学原理来对其进行理性审视,通过教学反思,发现和解决问题,着眼未来,谋求历史课堂的更好发展。

(五)实践性原则

从本质上来说,教学反思是一种思维形式,但是,其与纯理论的思考之间并不是等同的关系,而是起于实践,终于实践。

根据教学反思的基本过程,可以很明晰地看到,教学反思的问题是从教学实践中产生并发展的,教师对某一问题的解决过程及其方法总结,会运用到下一步的教学设计及其实践中去。离开实践的反思,或者说,纯理论的为了反思而反思,如果不与课堂实践相结合,其就没有存在的价值。

因此,在高中历史教学反思中,也是需要遵循实践性原则的。

三、高中历史教学反思的基本形式

高中历史教学反思是通过一定的形式表现出来的,具体有以下几种形式。

(一)旁注

旁注是一种非正式的历史教学反思形式。旁注就是在教案、作业、试卷及试卷分析表旁边的空白处写反思。旁注的重点可以是教学的"细节",也可以是对作业批改或试卷分析的反思。坚持旁注有利于灵感的积累与"教艺"的提升,防止突如其来的感悟成为过眼云烟。

(二)教学日志

写教学日志,具体来说,就是教师把自己的教育活动用文字形式记录下来。这种教学反思的形式是非常简便易行的。教学日志的显著特点主要保留即时性、真实性、个性化、广泛性、细节化等,从中总结出自己的经验与不足,在促进教师专业化成长方面具有其他反思方式都不具备的优点。

一般来讲,教学日志都是当天记录的,以便进行鲜活的教学过程记载,由于记录者是教师本人,其亲历性使记下来的细节较为真实可信,使教学日志带上特有的个性化特点,这对于佐证有关经验和理论的实践价值是有所帮助的。

在历史教学实践中,教师通过对教学过程的反思,从多个角度去透视教学实践,有利于教学"风格"的形成。需要注意的是,教学日志具有简便易行的优点,但也有一定的缺点,比如不够系统,比较琐碎,需要进行阶段性总结与提炼。

(三)案例分析

教学案例,就是用叙述的方式,对教学实践过程中典型教学问题的解决过程与效果进行客观描述,并对此做出论述。案例分析法必须坚持的三个基本要素是问题、典型、思考。

教学案例具有叙事特点,但是,其与日常教学事务的简单叙述之间还是有所不同的,其对典型性和论述性更加重视,是实践的选择,是立足实践之后高于实践的理性思考。

此外,教学案例与论文之间也是有所不同的,论文的目的是说理,而教学案例则遵循从具体到抽象的思维方式,所记录的事件中,问题本身只是一个载体,重点在于对问题出现原因、解决方式和解决效果进行分析,这些分析思考都是在相关理论指导下进行的。

教学案例的素材是在教学实践中得来的,其有着非常广泛的内容,同时也使得这种反思方法具有较强的可操作性。当然,写作教学案例对教师能力要求较高,需要教师具有一定的基本写作能力、教学教研经验、分析研究能力。从某种意义上来说,这些都会对教学案例的水平产生制约作用,换言之,就是对教学反思效果的发挥产生制约作用。

(四)教学后记

教学后记,就是教师在上完一堂课后,对整个教学设计的实施情况进行回顾、总结,并且将实施后的经验、教训和其他体会记录下来。教学后记的内容基于教学设计与实践比较。教学预设与教学实际效果之间通常都是存在差距的,并且差距通常是比较大的,再完善的教学设计也会不可避免地存在估计不到的地方,或者是教学过程中出现的偶发情况、干扰因素。因此,教学设计实践之后的反思至关重要,能够为教师根据课堂实践的反馈信息,在下一步的课堂教学中积累克服教学干扰因素的能力提供一定的帮助。

教学后记是对教学设计的整体思考,通过撰写教学后记,对教学设计在具体实施过程中的成功和不足之处进行全方位的思考,为调整教学和提升教学设计能力提供可靠依据,这对于加深对历史课程标准的领会、对教材的理解与整合、对适当教法与学法的选择等是有所帮助的。

(五)行动研究

作为一种常用的教学反思方法,行动研究将思考教学实践过程作为研究点,将"行动"作为其内涵的核心词,研究行动,在行动中研究,研究结果反作用于行动。

一般来讲,高中历史教学设计的行动研究,应该按照特定程序操作,具体如下:

第一,以此前的教学评价结果为依据,来对班级学生在历史学习中存在的问题进行分析和总结,把分析结果与教学设计相结合,在课堂实践中,针对个别学生和典型问题进行观察。

第二,思考、归纳、整理观察到的信息,从中找出解决问题的方法,并以此为依据,适当调整和修正原有教学设计。

作为课堂历史学习的主体,学生的学习和成长是课堂教学最重要的目的,观察和总结不同类型学生的学习行为,对于学习方法的丰富和充实是有所帮助的。同时,还要注意减少无关因素,最大限度地尊重学生的个性化学习,为学生尽快实现课堂学习的有效和高效提供必要帮助。

四、高中历史教学反思的主要内容

从更广泛的角度看,教学反思涵盖了教师的授课和学生的学习过程。然而,历史教师所处的专业发展阶段存在差异,这也导致了他们在教学反思方面呈现一定程度的倾向性。初入教育行业的历史教师可能更倾向于关心教学内容的完善程度;那些初学者的胜任型历史教师,在专注于教学内容的同时,可能会更加关心自己的教学质量;经验丰富的历史教师可能更倾向于关心学生的学习状况,思考如何基于学生的学习情况来设定合适的教学目标、选择最合适的教学内容和方法,并深入探讨其背后的理论支撑;经验丰富的历史教师更倾向于关心教学方法的塑造。这些差异的区分并不是固定不变的,它们之间的转变是逐步的、分散的。各种不同类型的历史教师都有各自不同的教学反思内容倾向,但在历史教学反思过程中,始终存在几个关键方面的教学反思是不可或缺的。

(一)对教学设计的反思

高效的课堂教学是建立在成功的教学设计这一关键基础之上的,因此,教学设计无疑是教学反思过程中的首要环节。在进行教学反思时,我们必须坚守解决实际问题和强调实践的核心原则。因此,在开始教学设计之前,我们需要以教育和教学的理论为主导,结合自己在教学中遇到的问题和待解决的挑战,对教学的难点和方法进行适当的调整和优化。

在进行历史教学的反思时,我们需要从几个关键的教学设计方面入手。

1.设计理念

在设计理念方面,需要满足以下两个要求:

基于大概念的高中历史单元教学研究

首先,教学设计必须在科学的教育和教学理论的引导下进行,并且不能缺少一种突出的理论应用,同时,还需要明确其应用的依据和主要环节。

其次,在教学设计过程中,应确保反映出唯物史观以及其他新兴的历史观点。

2.教学目标

当我们在这里讨论教学目标时,主要是指我们所设定的三维课程目标,包括知识与技能、学习过程与方法、以及情感态度与价值观,具体内容如下所述。

首先,在知识和能力的培养上,我们需要特别强调的是核心知识和结构知识,强调为学生创造新的历史背景,培育他们的知识转移技巧,并突出历史学科从历史中提炼出来的独特性。

其次,在学习的过程和方法上,基于学习的内容,至少需要有一种显著的学习策略。

最后,在情感、态度和价值观方面,我们需要强调历史学科的人文价值和历史教育的重要性,同时,根据学生的实际需求,制定与课堂教学内容紧密相连的教学目标。

3.教学内容

关于教学内容的要求,主要集中在以下两个方面:

首先,基于课程的标准和学生的实际情况,我们需要首先明确基础学习内容的要求,在此基础上,进一步确定具有适当深度和广度的学习内容。

其次,我们面向所有学生,确保教学内容在层次性、多样性和针对性上都得到体现,并对学生的个性化学习需求持有尊重的态度。

4.教学资源

第一,不仅要重新解读教材,还要突出教材的主要教学资源地位,并且将两者有机地结合起来。

第二,将社会发展与学生的生活实际有机地结合起来,以学生发展需求为依据,选择恰当的教学资源,为学生通过历史学习这个特殊窗口,观察社会和发展自提供相应的帮助。

第三,对乡土教材进行充分利用,增加区域历史内容,把爱国主义教育、传统教育与热爱家乡的教育有机地结合起来。

5.教学方法

第一,以本校的教学设备配置情况为依据,充分利用现代教育技术,通过互联网、音频、视频等方式,最大限度地克服历史学科过去性的特点,减轻学生的学习难度。

第二,将师生学习共同体建立起来,课堂上将教师的主导作用和学生的主体作用充分发挥出来,对教师一讲到底的行为加以抵制;讲述时要综合运用多种教学方法进行。

第三,致力于师生积极参与、交流互动、共同学习的课堂建设,通过共识、共享、共进,实现教学相长和共同发展。

(二)对教学过程的反思

由于教学设计实践过程学生出现的各种新问题需要处理,客观上需要教师在教学过程中迅速反思,拟定解决方法,并在课后专门对教学过程进行思考。因此,在教学实践中,我们需要从多个视角进行深入的反思,以确保教学活动的流畅进行和获得最佳的教学成果。

1.教学设计实践

整个教学过程基本是按照教学预设的方案进行的,但是,这与教学的不确定性和非预期性因素并不是等同的关系,而是这些因素的存在在客观上对教师提出了要求,即在进行教学设计时,应该尽量多地思考各种可能出现的情况,使教学反思更加趋于完善。

对历史教师教学反思能力的考验,主要是判断其能否在教学实践中出现意外情况时,及时反思、解决问题,创造性地启用预案,或者提出新的解决方法,根据课堂的情况来决定是进行适当调整还是继续保持现状。

2.生成课程处理

所谓的生成课程,有时也被叫作呼应课程,它是在教师、学生、教材和环境等多个元素的持续互动中,逐渐形成的一种建设性的教学方法。

教师的教学反思能力水平可以通过他们对生成课程的态度和处理方式来体现。对大多数教师而言,他们可能会选择的方法是,在课堂上回答学生提出的新问题,或者通过小组合作的方式进行讨论和解决。而对于因特殊原因无法在课堂上解决的问题,他们也会向学生解释具体情况,并在课程结束后继续积极地引导学生进行探究性学习。

3.互动性体现

历史课堂教学活动是一种多维度、立体的互动方式,以学生为核心,目的是传递学生的知识和技能,例如教师与学生、学生与学生、学生与学习资源等方面,使历史课堂充满活力。因此,在进行教学实践过程的反思时,对其进行批判性的思考是非常必要的。

互动性理论已经并正在对高中历史课堂的很多实践方法产生影响并使其发生某种改变,相应地,这种改变也一定会在教学反思的内容上得到体现。

此外,学生与学生、学生与学习资源的互动性体现程度,则对能否实现真正意义上的"自主、合作、探究"学习方式的落实产生直接影响。这就需要对学生的创新思维进行重点培养和引导,从而使课堂走出一本教材统领全局的状况,营造出良好的课堂氛围,这对于理想教学效果的取得是有帮助的。

4.参与度体现

对于历史课堂教学来说,学生是处于主体地位的,其在很大程度上影响着甚至决定着课堂学习能否顺利开展。高中历史教育的最终目的就是促进学生成长,因此,如果要进行教学反思,就必须关注学生在学习中的参与度表现。

(三)对教学评价方式的反思

评估教学活动的目的在于全方位地了解学生学习历史的各个阶段和成果,这不仅能激发学生的学习热情,还能促进学生在学业和全面发展方面的进步,同时也有助于提升教师的教学质量和整体教学效果。因此,在对教学评价进行反思的过程中,有必要将显性和隐性的评价指标紧密结合,并在教学反思过程中赋予高度的责任感,以确保教学反思能够达到预期的效果。

经过对教学评价的深入分析,我们发现它具有明显的诊断、激励和调节特性。其导向、鉴别、选择和反馈等功能与教学反思的需求是一致的。此外,由教学评价得出的结论常常可以作为教学反思的关键参考,并据此确定教学反思中需要特别关注的主题。因此,教学评价必须以课程标准为依据,与教学设计紧密结合,注重目标、教学和评价的一致性,坚持诊断性评价、过程性评价与终结性评价相结合,运用科学的、可行的、多样的方式,教师评价与学生自评、同伴评价相结合,量化评价与质性评价相结合的原则,对学生的历史学习过程和效果进行价值判断。

通常,教学评价覆盖了非常广泛的领域,包括教学内容、教学方法、教学环境、教学管理等多个方面,从教师根据教学设计进行教学反思、改进教学的目的出发,并考虑到可操作性。例如,在评估学生的学习行为和学习成果时,通常会采用三种不同的评价方法,分别是即时评价、考试评价和活动评价,具体内容如下。

1.即时评价

所谓即时评价,实际上是一种即时的评估方法,它具备时效性、激励性、全面性和公正性等多种特质,这些都是在高中历史教学过程中经常被采用的评价手段。这样的评估方法常常采用肯定或否定的形式,帮助学生调整自己的学习行为,从而更有效地完成学习目标。值得强调的一点是,实时评估的学习模式通常不能通过预先设定的教学设计来完全控制,因此,高中历史教师需要具备高度敏感的观察能力。

高中历史老师在对学生进行实时评估时,不仅可以密切关注学生在学习旅程中的进展和转变,捕捉历史思考或学习行为中的亮点,给予他们充分的认可,还可以针对某些误区或学习行为,指出其不足之处,并鼓励学生进行改正。

对于即时评价的教学反思是至关重要的。更具体地说,即时评价通常针对的是部分或特定学生的学习特点。这种做法对于教师来说,有助于他们更好地掌握面向所有学生并结合因材施教的历史教学策略。

2.考试评价

尽管考试评价一直是一个有争议的话题,但我们不能忽视这样一个事实:考试作为一种评价手段,必须在教育领域中普遍存在。这方面的进展主要集中在如何解决试题过于复杂和陈旧的问题,以及如何与其他评价方法进行有效结合。

在当前的教育背景下,教师对学生的历史学习内容进行了调整,不再仅仅关注历史的知识点,而是更加重视学生是否能够有效地获取、处理和应用相关的历史信息,对历史事件进行准确的分析和判断,并对历史问题给出合理和客观的解释。除了这些,学习的方式和情感、态度、价值观也是考察的重要方面。

在对考试评价进行教学反思时,主要涉及两个核心内容:一是对试题的评估,二是对学业表现的评价。为了提高考试评价的效果,我们需要同时考察这两个方面,最有效的方法是根据学生的学习差异进行深入分析,并不断地积累和探讨提高评价效果的策略。

3.活动评价

与传统的历史学习方法相比,历史活动学习方式具有其独特之处。通过情境表演和历史辩论等多种方式,可以更好地激发学生的学习积极性和主动性。在与文化和学科知识的互动中,学生不仅能够获得知识,还能在其他方面也得到一定的提升。学生可以通过亲身体验来获得直接的经验,这对于培养他们解决实际问题的能力是非常有益的。如果课堂在活动环节得到适当的安排,所创造出的氛围通常会相当和谐,从而使得整个班级的学生参与度显著提高。

当我们对历史活动的学习方法进行教学反思时,首先需要明确的是,从始至终,我们都应该对"活动仅仅是一种学习方式,其目的是实现历史学习的目标"这一观点有深入的认识和掌握。因此,直接针对问题的核心,确保教学反思真正服务于教学过程,是极为有益的。

参考文献

[1]杜芳,付海晏.中学历史教学研究:第二辑[M].武汉:华中师范大学出版社,2017.

[2]陈辉.核心素养导向的高中历史课堂教学重构[M].北京:高等教育出版社,2023.

[3]张德顺,朱林生.中学历史教学设计与案例分析[M].苏州:苏州大学出版社,2017.

[4]贾格年,李宝宝.中学历史教师教学技能学习指导[M].天津:天津大学出版社,2017.

[5]李峻.高中历史阅读与写作概论:以历史名著、历史影视作品和历史小说为重点[M].上海:复旦大学出版社,2017.

[6]卢巍.高中历史那些事儿[M].长春:吉林摄影出版社,2017.

[7]罗燕媚.我是这样教历史的"师生共读"模式在中学历史教学中的运用[M].广州:华南理工大学出版社,2017.

[8]徐福玲.蒙古族历史与文化[M].呼和浩特:内蒙古人民出版社,2017.

[9]陈杰.来自课堂的追问:高中历史教学札记[M].杭州:浙江工商大学出版社,2018.

[10]姬天舒.高中历史课堂有效教学的研究[M].广州:广东旅游出版社,2018.

[11]陈天宁.高中历史卷[M].宁波:宁波出版社,2018.

[12]徐亮,石洁,吴鹏超.中学历史教学教法新探索[M].青岛:中国海洋大学出版社,2018.

[13]夏辉辉,何成刚.历史课标解析与史料研习世界古代近代史[M].上海:复旦大学出版社,2018.

[14]吴建好.新高考背景下高中历史课堂教学探究[M].北京:世界图书出版公司,2019.

[15]刘松柏,何成刚,梁晓东.历史课标解析与史料研习·国家制度与社会治理[M].上海:复旦大学出版社,2018.

[16]赵剑锋,苏峰,何成刚.历史课标解析与史料研习 中国古代史[M].上海:复旦大学出版社,2018.

[17]赵亚夫.中学历史教育学[M].北京:北京师范大学出版社,2019.

[18]邓华.高中历史课堂学习研究案例[M].贵阳:贵州大学出版社,2019.

[19]庞明凯.核心素养导向下的高中历史教学探索[M].长春:吉林人民出版社,2019.

[20]郑林.中学历史教学论[M].北京:高等教育出版社,2020.

[21]杜芳,付海晏.中学历史教学研究[M].武汉:华中师范大学出版社,2019.

[22]王少莲.上好高中历史课中外历史纲要(上)[M].杭州:浙江教育出版社,2019.

[23]王芳.历史教学设计与案例研究[M].长春:吉林人民出版社,2019.

[24]梁哲.翻转课堂校本化研究[M].长春:吉林人民出版社,2019.

[25]侯桂红.中学历史教学设计及评价[M].北京:北京师范大学出版社,2018.

[26]罗明,周靖.高中历史怎样教[M].上海:上海人民出版社,2020.

[27]徐蓝.教师指导历史[M].上海:上海教育出版社,2020.

[28]苗颖.灵动课堂:我的历史教学主张[M].上海:上海教育出版社,2020.

[29]赵剑锋.新课标高中历史教学设计中国古代史[M].上海:复旦大学出版社,2020.

[30]刘洪生.对话教学中学历史课堂教学模式的创新与实践[M].广州:广州暨南大学出版社,2020.

[31]范蕴涵.普通高中历史课程标准理解与实践[M].济南:山东科学技术出版社,2020.

[32]任志鸿.高中同步测控优化设计历史必修中外历史纲要(下)[M].北京:华文出版社,2020.